Saber Horrível

BICHOS NOJENTOS

IRC!

NICK ARNOLD

Ilustrações de
TONY DE SAULLES

Tradução de
ANTONIO CARLOS VILELA

Dados Internacionais de Catalogação na Publicação (CIP)
(Câmara Brasileira do Livro, SP, Brasil)

Arnold, Nick
 Bichos nojentos / Nick Arnold; ilustrado por Tony De Saulles; [tradução Antonio Carlos Vilela]. – 3. ed. – São Paulo: Editora Melhoramentos, 2021. – (Saber horrível)

Título original: Ugly bugs
ISBN 978-65-5539-255-5

1. Animais - Literatura infantojuvenil I. Saulles, Tony De. II. Título. III. Série.

20-52624 CDD-028.5

Índices para catálogo sistemático:
1. Animais: Literatura infantojuvenil 028.5
2. Animais: Literatura juvenil 028.5

Cibele Maria Dias – Bibliotecária – CRB-8/9427

Título original em inglês: *Ugly Bugs*
Tradução: Antonio Carlos Vilela
Projeto gráfico e diagramação de capa: Lobo

Publicado originalmente por Scholastic Ltd., Inglaterra, 1996
Texto © Nick Arnold, 1996
Ilustrações © Tony De Saulles, 1996

Direitos de publicação:
© 2002, 2011, 2021 Editora Melhoramentos Ltda.
Todos os direitos reservados.

3.ª edição, junho de 2021
ISBN: 978-65-5539-255-5

Atendimento ao consumidor:
Caixa Postal 729 – CEP 01031-970
São Paulo – SP – Brasil
Tel.: (11) 3874-0880
www.editoramelhoramentos.com.br
sac@melhoramentos.com.br

Impresso no Brasil

Sumário

Introdução 5
Famílias de bichos nojentos 7
Minhocas, vermes etc. 18
Lesmas lentas e caracóis enrolados 29
Nojentos submersos 35
Bichos rastejantes e repugnantes 43
Insetos invasores 53
Besouros horríveis 61
Formidáveis formigas 69
Abelhas abestalhadas 78
Belos bichos nojentos 83
Aranhas estranhas 92
Bichos que picam 103
Disfarces e outros truques 113
Bichos nojentos contra humanos horríveis 119

Introdução

A ciência pode ser horrivelmente misteriosa. E isso inclui o trabalho de casa de Ciências – pois é um mistério os professores esperarem que você consiga fazê-lo. Não! Eu falo da ciência de um modo geral. Por exemplo, o que os cientistas fazem o dia todo? Pergunte a um deles e você só ouvirá um monte de jargões científicos.

*TRADUÇÃO: ESTOU OBSERVANDO OS BESOUROS QUE BRILHAM NO ESCURO.

Tudo isso parece horrivelmente confuso. E chato. Mas não deveria, pois a ciência não se baseia apenas em sabichões usando jalecos brancos e em laboratórios de alta tecnologia. A ciência trata de *nós*, de como vivemos e do que nos acontece a cada dia.

As melhores partes da ciência, no entanto, são também as mais horríveis. É disso que trata este livro. Não apenas da ciência, mas da *ciência horrível*. Pense em todos os bichos nojentos que existem. Você não precisa ir muito longe para encontrá-los. Levante qualquer pedra, e alguma coisa sairá rastejando. Procure nos cantos escuros e logo encontrará algum bicho nojento se escondendo. Fique atento durante o banho, pois poderá ter a companhia de alguma aranha cabeluda.

Observe que esses bichos nojentos dão vida à ciência. E vida horrível, principalmente quando você descobrir como um louva-a-deus agarra suas vítimas e arranca a cabeça delas. Esta é a sua chance de enxergar muitos fatos realmente tenebrosos sobre todos esses bichos nojentos. E saiba por quê, para alguns adultos leigos, um bicho nojento é algo que deve ser esmagado ou pulverizado até a morte.

Lembre-se, é bom manter este livro fora do alcance dos adultos, porque:
1. Eles também podem querer lê-lo.
2. Isso pode provocar pesadelos neles.
3. Quando você terminar a sua leitura, estará mais bem informado que eles. Então, poderá lhes contar alguns fatos científicos horríveis, mas verdadeiros; e a ciência nunca mais será a mesma.

Famílias de bichos nojentos

A pior coisa sobre os bichos nojentos é que eles são muitos. Existem milhares deles, de diferentes tipos, que precisam ser classificados antes que possamos começar a conhecê-los. É um trabalho horrível, mas temos de fazê-lo. Contudo, não se preocupe, não será você. Alguns cientistas já fizeram essa classificação.

Cada tipo de ser vivo é chamado de espécie. Um grupo de espécies forma o gênero – é como se formassem um clube. Grupos de gêneros formam as famílias. Achou confuso? Creio que sim.

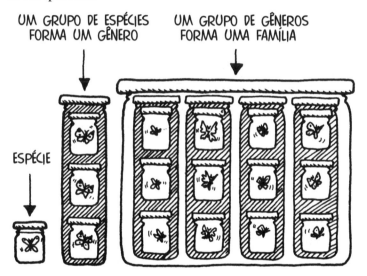

Como em qualquer família, os membros de uma família de bichos nojentos são parecidos. Mas não moram todos juntos na mesma casa. Caso contrário, começariam a brigar para ver quem vai usar primeiro o banheiro pela manhã.

Os grupos de famílias formam as "ordens". E os cientistas amontoaram as ordens criando grandes grupos chamados de "classes". (Isso não tem nada que ver com escola, mesmo que as classes tenham de seguir ordens.)

Aqui vai um exemplo do que estamos falando. Abaixo, você verá uma joaninha com sete manchas.

- Seu nome científico é *Coccinella septum punctata* (experimente pronunciar isso com a boca cheia de pipoca), que, em latim, é o mesmo que... joaninha com sete manchas.
- Joaninhas pertencem a uma família de bichos nojentos chamada *Coccinellidae*, ou simplesmente... joaninha (surpresa!).
- Joaninhas pertencem à ordem *Coleóptera* (besouro, para você).
- Besouros pertencem à classe *Insecta*, ou insetos.

Simples, não é? E é inteligente manter organizados os bichos nojentos. Apenas de besouros, existem mais de 350 mil espécies. Tente guardar tudo isso em caixinhas de fósforos. Agora que você sabe como o sistema funciona, por que não damos uma olhada no álbum de fotografias da família dos bichos nojentos?

Primeiro, vamos conhecer alguns...

Insetos irritantes

O corpo de um inseto é dividido em três partes: cabeça, parte do meio (o tórax) e um pedaço na extremidade chamado de abdome. Um inseto possui duas antenas na cabeça e três pares de pernas projetando-se do tórax. Os cientistas já identificaram cerca de 1 milhão de espécies com corpo como o que descrevemos, e existem muitos mais só esperando para ser descobertos.

Lacrainhas – aproximadamente mil espécies. Existe a crença absurda de que elas entram nas orelhas das pessoas enquanto estas dormem. Possuem pinças na extremidade traseira do corpo; os machos têm as pinças curvas, ao passo que as das fêmeas são retas.

Grilos e gafanhotos – cerca de 20 mil espécies. Eles pulam por aí, produzindo ruídos ao esfregar as pernas, o que os torna irresistíveis ao sexo oposto.

Bichos-pau e bichos-folha – por volta de 2 mil espécies. A maioria mora em flores tropicais. Bichos-pau são chamados assim porque... bem, se parecem com pedaços de pau. Os bichos-folha, você já deve ter adivinhado, parecem-se com as folhas, confundindo-se com a paisagem. Conhece alguém assim? É um belo disfarce, mas... que vida!

Besouros – cerca de 350 mil espécies desta ordem em todo o mundo. É mais do que qualquer outro tipo de animal. Você, no entanto, nunca conseguirá encontrar todos. Além de serem muito numerosos, vários são conhecidos apenas por meio de um único exemplar na coleção de um museu.

Térmitas – mais ou menos 2 mil espécies. Os térmitas, popularmente conhecidos como **cupins**, gostam de clima quente. São insetos pequenos e moles, mas isso não significa que sejam molengas. Eles constroem colônias parecidas com palácios, as quais são governadas por reis e rainhas. Os térmitas-guardas levam seu trabalho tão a sério que às vezes explodem a si mesmos para defender a colônia.

Formigas, abelhas e vespas – cerca de 100 mil espécies desta ordem em todo o mundo. Todos os membros possuem uma cintura estreita entre o tórax e o abdome. A maioria possui asas. As formigas operárias não desenvolvem asas, pois estão sempre muito ocupadas para voar por aí.

Louva-a-deus e baratas – 5 mil espécies. Eles compartilham horríveis hábitos familiares. Enquanto as baratas atacam a despensa à noite, os louva-a-deus ficam parados, disfarçados como parte de uma planta, esperando uma vítima inocente para atacar.

Hemípteros – por volta de 55 mil espécies desta ordem. Eles possuem boca em forma de canudinho, pela qual sugam a seiva vegetal. Isso não tem nada de feio, você pode pensar, a não ser pelo fato de que alguns deles, como o barbeiro (*Triatoma infestans*), gostam de sangue e podem transmitir a doença de Chagas.

Moscas – aproximadamente 70 mil espécies desta ordem. Elas usam um par de asas para voar (o que fazem melhor). Também possuem vestígios de um segundo par de asas, que as ajuda no equilíbrio. Um dos hábitos horríveis das moscas é ficar voando em torno da sua cabeça. Tudo bem, você já sabe que elas voam muito bem. Outros hábitos terrivelmente horríveis das moscas: alguns tipos adoram lamber esterco de vaca e depois sentar no seu lanche.

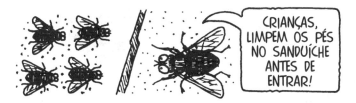

Piolhos-sugadores – cerca de 250 espécies. Os piolhos não constroem suas próprias casas. Nada disso. Eles vivem sobre outras criaturas, em lugares quentinhos e aconchegantes, onde podem se deliciar com um suco de sangue sempre que tiverem vontade. Os piolhos vivem em todos os mamíferos, exceto nos morcegos. Ou, pelo menos, ninguém até agora encontrou piolhos em morcegos.

Libélulas, efeméridas e moscas-d'água – são três ordens diferentes, totalizando aproximadamente 9 mil espécies. Começam a vida na água e depois ganham o ar. Entre os nomes populares de libélulas encontramos cavalinho-do--diabo e lavadeira, o que é estranho, porque elas não lavam roupas e não se parecem com cavalos.

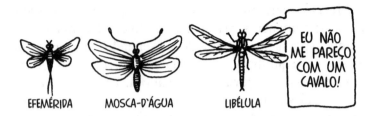

Borboletas e mariposas – 165 mil espécies desta ordem. Têm dois pares de asas e começam a vida como lagartas. Então, escondem-se num invólucro chamado crisálida e sofrem transformações em todo o corpo, emergindo depois como borboletas ou mariposas. É mais ou menos como desmontar o seu corpo dentro de um saco de dormir, ao longo de algumas semanas, e depois montar as partes em uma ordem totalmente diferente.

São esses os insetos horríveis. E quanto aos seus parentes ainda mais repulsivos?

Não insetos infames

Se um bicho feio tem mais do que seis pernas – ou não tem perna alguma –, não é um inseto.

Lesmas e caracóis – por volta de 70 mil espécies. Muitos vivem no mar. Os caracóis e as lesmas gosmentos pertencem ao enorme grupo de animais chamados de moluscos, que inclui até mesmo os polvos. Mas caracóis e lesmas são os únicos membros do clube que possuem tentáculos na cabeça.

Centopeias e milípedes – são duas classes diferentes de bichos nojentos. Existem cerca de 2.800 espécies de centopeias e 6.500 de milípedes. Mas... as sinistras centopeias devoram os pobres milípedes, e o inverso não acontece.

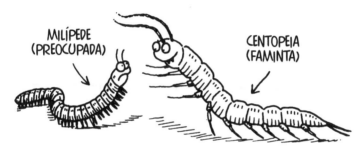

Baratas-d'água – mais de 2 mil espécies. Elas têm sete pares de pernas. Acredite ou não, pertencem à mesma classe de criaturas que os caranguejos e as lagostas!

Aranhas – há mais de 35 mil espécies desta ordem, mas os cientistas acreditam que possam existir até cinco vezes esse número. Estão apenas esperando ser descobertas. Que ideia! A maioria das aranhas tece teias, tem oito pernas e seu corpo é dividido em duas partes.

Minhocas e sanguessugas – em torno de 6.800 espécies. As sanguessugas costumam... bem, sugar sangue. Elas podem triplicar de tamanho enquanto tomam seu refresco. Existem cerca de 300 espécies diferentes de sanguessugas. Eca! Uma seria suficiente.

Acarinos – 20 mil espécies desta ordem. Ao contrário das aranhas, os acarinos têm corpo não segmentado. Geralmente são muito pequenos, às vezes microscópicos, e possuem hábitos horríveis. Alguns comem casca de queijo, enquanto outros preferem a cola de livros antigos. Outros ainda chupam o sangue de animais e podem transmitir doenças graves.

Aí está. As famílias dos bichos nojentos são horrivelmente confusas – numerosas e em tamanhos e formatos muito variados. Todos esses bichos, no entanto, possuem uma característica vital comum: são COMILÕES! Veja as minhocas, por exemplo. Elas adoram um belo café da manhã composto de nojentas folhas em decomposição. Alguns desses bichos têm gostos ainda mais revoltantes.

Minhocas, vermes etc.

É impossível fugir das minhocas. Elas vivem no solo. Aposto que você não sabia que elas têm parentes no mar. E você pode encontrá-los no fundo de lagos e também dentro de outras criaturas. Existem milhares de espécies de vermes com todo tipo de hábitos nojentos. Mas uma coisa todos têm em comum: são horrivelmente esquisitos.

Uma descoberta desagradável

Oceano Pacífico, próximo às ilhas Galápagos, 1977
Definitivamente, havia algo lá embaixo. Algo estranho e aterrorizador. Instrumentos ligados ao navio de pesquisa, lançados nas profundezas submersas, revelavam inesperados aumentos na temperatura marítima. Câmeras baixadas na escuridão do fundo do mar captavam estranhas formas. Amostras de água coletadas lá de baixo cheiravam tão mal que revirariam o seu estômago. Os cientistas precisavam saber mais. Alguém precisava visitar aquelas profundezas remotas, onde nenhum ser humano jamais tinha ido. Mas o que encontrariam ao chegar lá?

Metro a metro, o submergível foi escorregando cada vez mais no desconhecido. Das janelas de observação, os cientistas nada viam, a não ser o negro absoluto do mar gelado. A superfície do Oceano Pacífico estava a aterrorizadores 2,5 km acima de suas cabeças. Cada centímetro quadrado do submergível sofria a pressão de uma tonelada de água.

Com as luzes do veículo, os pesquisadores conseguiam enxergar estranhas rochas vulcânicas. Mas nenhum sinal de vida. Eles tremiam. Com certeza, nada poderia viver naquele ambiente hostil. Então aconteceu.

O termômetro do submergível deu um pulo, por causa de uma gigantesca onda de calor. A água passou de negra a um azul nebuloso. Os cientistas haviam encontrado um túnel natural, que levava muito abaixo da superfície da Terra. Substâncias aquecidas, cheirando a ovo podre, vinham, em ebulição, das entranhas da Terra, a temperaturas terrivelmente altas.

Aquela água quente nebulosa estava viva, com bactérias invisíveis a olho nu. Os bilhões de bactérias agrupavam-se em nuvens enormes. Caranguejos extraordinários, fantasmagoricamente pálidos, vasculhavam o lodo no fundo do mar em busca de restos de criaturas mortas. Havia, também, milhares de moluscos gigantes. Então, em meio àquela escuridão confusa, as "coisas" apareceram.

Os cientistas ficaram assombrados. O que eram aquelas criaturas? Formas de vida extraterrestre? Por que sua aparência era tão esquisita? Suas pontas avermelhadas balançavam com o movimento do mar. Seu corpo escondia-se em tubos brancos, longos e eretos, cada um medindo 4 metros, e tinham sangue vermelho, como o dos humanos. Eram vermes marinhos gigantes, os maiores já vistos e de uma espécie cientificamente desconhecida. Mas aqueles bichos nojentos não tinham boca nem estômago. Como comiam e o que comiam?

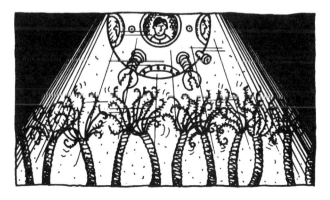

Só havia uma forma de descobrir. O braço mecânico do submergível alcançou um dos vermes e arrancou-o de seu estranho lar. De volta ao navio, um destemido cientista cortou-o, expondo suas entranhas. O que você acha que ele encontrou?

a) caranguejos;
b) pedaços de animais mortos que vinham da superfície;
c) bactérias monstruosas.

Resposta: c) Uma massa pegajosa composta de bilhões de bactérias, iguais àquelas que tornavam a água nebulosa. Aí veio a surpresa: os vermes não comiam as bactérias! Dentro das vísceras dos vermes, as bactérias digeriam aquelas substâncias fedorentas contidas na água e produziam novas substâncias, que, estas sim, alimentavam os vermes. Que associação amigável!

Variedades de vermes

Existem três ordens principais de vermes: achatados (platelmintos), em forma de faixa (nemertinos) e segmentados, ou com anéis (anelídeos). Como você diferencia um do outro?

Platelmintos

Os platelmintos são chatos. Achatados, melhor dizendo. O corpo deles não é dividido em segmentos, e eles são bem nojentos. São, provavelmente, os vermes mais nojentos que você irá encontrar.

Por exemplo, certo tipo de platelminto, a tênia parasítica, pode viver dentro do intestino de um animal! Outro, chamado *dugeasia*, abocanha criaturas menores e as engole. Mas, se o lanche for muito grande, a *dugeasia* engole apenas alguns pedacinhos dele.

Existe, ainda, um platelminto esbranquiçado, parente próximo da *dugeasia*, que vive na água e é quase transparente, de modo que se pode ver o que ele comeu no jantar. E, quando ele quer se reproduzir, às vezes se divide em dois!

Nemertinos
A maioria dos nemertinos vive no mar. Alguns possuem estruturas em forma de tubo, saindo de sua cabeça, que servem para aprisionar outros vermes e criaturas desavisados. Eles podem ser terrivelmente compridos; alguns atingem vários metros. Que tal encontrar um verme tão comprido quanto o cadarço do seu tênis?

Anelídeos

Todos os estranhos vermes desse grupo nojento têm o corpo cilíndrico, que se divide em segmentos. Alguns são parasitas e podem provocar doenças. Outros podem viver no solo, no mar ou em água doce, em pequenos animais e plantas.

Os vermes com cerdas pertencem a essa ordem. Talvez você já os tenha visto na praia. Alguns constroem tubos na areia e se enterram lá, com os tentáculos para fora. Mas existem vermes com cerdas ainda mais horríveis, que rastejam por aí à procura de presas. Estes usam dois pares de mandíbulas, dois pares de antenas e quatro tentáculos para procurar comida – os intestinos das lesmas são o seu prato preferido. Humm!

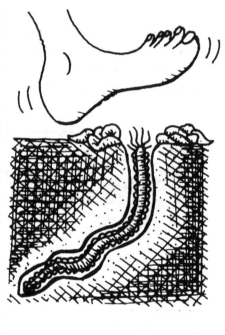

Existe um verme, por outro lado, que tem o corpo com formato de rato recoberto de pelos. Ah, parece bonitinho, não é? Esse verme, porém, pode atingir até 18 cm de comprimento e 7 cm de largura. Parece mais uma ratazana do mar!

Quer conhecer melhor um membro da família dos anelídeos? Então vamos nos enroscar nas...

Minhocas
Arquivo assustador

NOME DA CRIATURA:	MINHOCA
ENCONTRADA:	NA MAIORIA DOS SOLOS DE TODO O MUNDO.
CARACTERÍSTICAS:	CORPO SEGMENTADO; PELE TRANSPARENTE. DESLIZA EMPURRANDO OS SEGMENTOS DO CORPO PARA A FRENTE.

Identificação visual

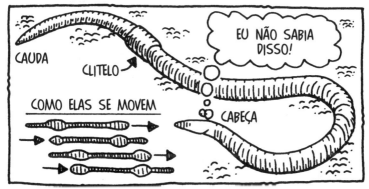

As minhocas são horríveis?

"Sim", de acordo com as pessoas que não gostam de criaturas pegajosas e rastejantes.
"Não", de acordo com alguns naturalistas muito famosos. Em 1770, Gilbert White escreveu...

EMBORA AS MINHOCAS PAREÇAM UM ELO PEQUENO E DESPREZÍVEL NA CORRENTE DA NATUREZA, SE AS HOUVÉSSEMOS PERDIDO, SERIA UMA LACUNA LAMENTÁVEL.

Charles Darwin disse que...

AS MINHOCAS TIVERAM UMA FUNÇÃO MUITO IMPORTANTE NA HISTÓRIA DO MUNDO.

Mas o que há de tão especial nesses bichos tão nojentos?
- As escavações feitas pelas minhocas reviram o solo e levam os minerais vitais para a superfície, de modo que as plantas famintas possam absorvê-los.
- Essas escavações abrem espaço para que a água e o ar alcancem as raízes das plantas através da terra.
- As minhocas carregam folhas e outros materiais em decomposição através dos túneis. Esse material pode ser aproveitado pelas raízes das plantas.

Você pode observar que as safras são melhores em solos onde há grandes quantidades de minhocas. De fato, existem fazendas de minhocas que produzem até 500 mil minhocas por dia, que serão vendidas para fazendeiros. As boas e velhas minhocas!

De qualquer forma, elas ainda são bichos nojentos, de modo que também possuem hábitos horríveis. A terra que passa pelo corpo desses bichos acaba se amontoando no seu jardim, em pilhas com formato de minhoca. Elas também adoram devorar alfaces, e suas escavações podem prejudicar os brotos das plantas. Mas não se preocupe: caso as suas minhocas comecem a se comportar mal, você pode usá-las como isca para a pescaria.

Você conhece bem as minhocas?

Você pode achar que as minhocas são absolutamente sem graça. E, é claro, teria razão. Mas se mergulhar um pouco mais nesse mundo monótono encontrará algumas surpresas nojentas. Veja se consegue responder às perguntas a seguir:

1. Quantas minhocas pode-se encontrar por hectare (10.000 m²) de terra?
a) três;
b) 65.697;
c) dois milhões.

2. Por que as minhocas possuem cerdas? (É verdade. Experimente tocar uma delas – se tiver coragem!)
a) Para auxiliar no movimento.
b) Para impedir que os passarinhos as arranquem do solo.
c) Para varrer suas escavações, deixando-as limpinhas.

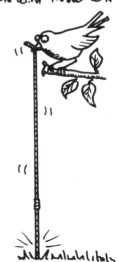

3. Como é que uma minhoca pode, acidentalmente, enterrar uma pedra?
a) A pedra rola para um buraco cavado, pela minhoca, para aprisionar besouros.
b) As minhocas empurram a terra de suas escavações até cobrir a pedra.
c) As minhocas cavam um túnel sob a pedra, que cai dentro do túnel.

4. Quanto media a minhoca mais comprida já encontrada?
a) 20 centímetros
b) 45,5 centímetros
c) 6,7 metros

5. Uma parte do corpo das minhocas se chama clitelo. Para que serve?
a) Para dar carona às lacrainhas.
b) Para carregar comida.
c) Para carregar ovos.

6. O que acontece se você cortar um pedaço da extremidade de uma minhoca?
a) Ela fica chateada.
b) Cresce uma nova cauda.
c) O pedaço se junta à minhoca novamente.

7. O que as toupeiras fazem com as minhocas?
a) Comem-nas.
b) Comem sua cabeça.
c) Comem sua cabeça e deixam a minhoca escapar.

Respostas: 1 c) Um espanto. **2 a)** e **b)** ¡ Pergunta capciosa, desculpe. **3 b)** Isso eleva o nível do solo, fazendo com que as pedras permaneçam no nível anterior. **4 c)** Era um tipo de minhoca gigante que vivia na África do Sul. Esse monstro surgiu do chão, no Transvaal, em 1937. **5 c)** O clitelo é uma cinta que se move ao longo da minhoca recolhendo os ovos fertilizados. A minhoca rasteja deixando os ovos em casulos. **6 b). 7** Outra pergunta capciosa. As três alternativas estão corretas! **a)** Toupeiras adoram uma minhoca suculenta. **b)** Quando está satisfeita, a toupeira arranca a cabeça da minhoca e guarda o corpo na sua "despensa". Isso não mata a minhoca, só impede que ela escape! **c)** Às vezes, a minhoca tem tempo para que outra cabeça cresça e ela possa escapar!

Como encantar uma minhoca

Você vai precisar de

Um dia bonito, mas não muito seco.
Um gramado ou canteiro de flores (a terra deve estar levemente úmida).
Um garfo de jardinagem (opcional).
Uma caixa acústica (opcional).

Como você vai fazer

1. Você vai fingir que é a chuva.
2. E vai produzir vibrações pulando e batendo os pés ou tocando música com a caixa acústica virada para o chão. Ou, ainda, espetando o garfo no chão e arrastando-o bastante, em movimentos sinuosos. Você também pode usar a imaginação para criar sua própria "chuva".

Por que isso faz as minhocas aparecerem?

As minhocas gostam de chuva porque precisam manter a pele úmida, evitando que se seque. Quando sentem as gotas de chuva atingindo o solo, elas põem a cabeça para fora e dão uma espiada. Na verdade, a água da chuva alaga as galerias, expulsando a minhoca do seu túnel.

Aposto que você não sabia!

É possível "encantar" uma minhoca. Todo verão, uma escola primária de Nantwich, na Inglaterra, promove uma estranha competição. Trata-se do campeonato mundial de encantamento de minhocas. É verdade! Um passatempo tradicional e mágico!

Lesmas lentas e caracóis enrolados

Eles são cobertos de visco, rastejam vagarosamente e têm os olhos na ponta das hastes. Como se isso não fosse suficiente, comem as plantas do seu jardim e da sua horta. Assim, não é de estranhar que as pessoas não gostem desses bichos nojentos. Mas será que lesmas e caracóis são realmente tão horríveis? Será que merecem essa péssima reputação? Merecem, sim. Veja o porquê.

Sete fatos nojentos sobre caracóis que você realmente não queria saber

1. O maior caramujo do mundo é o Gigante Africano. Pode chegar a 34 cm da concha à cabeça. Ele come bananas – e animais mortos.
2. O caramujo do alho tem um forte cheiro de alho. Tudo bem, isso não é horrível; mas deve deixar os pássaros que se alimentam de caracóis com um hálito horroroso.
3. Quando um caramujo está mastigando as couves-flores preferidas da sua mãe, ele usa a rádula, ou seja, a língua. A rádula é tão áspera que, na verdade, mói o alimento.
4. Alguns caracóis marinhos, por sua vez, comem carne. Esses caracóis têm alguns dentes afiados, adequados para pegar e mastigar a presa.
5. Os caracóis mais nojentos são de uma variedade marinha que põe seus ovos numa cápsula dura presa no fundo do mar. Alguns desses caracóis jovens devoram seus próprios irmãos e irmãs assim que saem dos ovos!

6. Outro caramujo marinho nojento é o furador de ostra. Aprenda como ele fura:
a) Ele produz uma substância química que amolece a concha da ostra.
b) Cava a concha com sua rádula, repetindo o passo tanto quanto for necessário.
c) Estende seu tubo de alimentação pelo furo e chupa a suculenta ostra lá de dentro!

7. Nem sempre os caracóis se dão bem. Um vermezinho vive dentro do caramujo âmbar. Às vezes, esse verme solta substâncias que fazem os tentáculos do caramujo ficar cor de laranja. Essa cor atrai um pássaro que arranca os tentáculos coloridos do caramujo. O verme começa uma nova e terrível vida dentro do pássaro. E o caramujo? Novos tentáculos crescem nele, de modo que tudo fica bem.

Lesmas lentas

Uma lesma nada mais é que um caramujo sem a casa móvel nas costas. Agora, pense bem: parece que elas é que estão certas. Você já viu um caramujo tentando passar debaixo de uma ponte realmente baixa? A ausência de uma concha ajuda as lesmas a se esgueirar por fendas e cantos. Mas as lesmas têm alguns segredos cintilantes. Você tem coragem para descobri-los?

Você teria coragem de fazer amizade... com uma lesma nojenta?

Aprenda aqui a pegar uma lesma. Quem sabe, não seja um encontro horrivelmente interessante.

1. Em primeiro lugar, encontre a sua lesma. Você pode achá-la seguindo o rasto nojento de gosminha clara que ela deixa. Elas gostam de se arrastar por aí em tardes quentes e úmidas de verão. Então, siga seu rasto até encontrá-la descansando sob as folhas de uma planta.
2. Delicie-se com aquela sensação pegajosa e mole entre seus dedos, enquanto põe a lesma num pote de vidro.

3. Maravilhe-se com a lesma escalando as paredes escorregadias do pote. Ela se move sobre uma camada de visgo produzida pelo próprio pé. Esse visgo grudento permite que ela se prenda ao vidro. O movimento de ondulação empurra o pé da lesma para a frente. Pense nisso: você conseguiria escalar uma parede de vidro com apenas um pé que foi molhado em algo parecido com um ovo cru?

4. Imagine que você é um pássaro. Gostaria de comer a lesma? Provavelmente não, pois o sabor do visgo é horrível; mas os ouriços acham-na deliciosa.

5. Coloque sua nova amiga onde a encontrou. Dessa forma, continuarão amigos.

Caso você vá caçar lesmas em seu jardim numa noite quente e úmida de verão, pode deparar com uma lesma "com casca". Esse ser sinistro recebeu esse nome por causa de uma pequena carapaça na parte superior do corpo. Você consegue adivinhar o que ela come? Dica: não é alface.

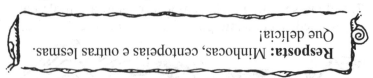

Resposta: Minhocas, centopeias e outras lesmas. Que delícia!

Seis fatos nojentos sobre as lesmas

1. Algumas lesmas marinhas alcançam 40 cm de comprimento e chegam a pesar 7 kg. Com frequência, elas são extremamente coloridas.

2. Algumas lesmas têm hábitos horrivelmente estranhos. Uma delas, a marinha, flutua de costas, usando para isso uma bolha de ar no estômago.

3. No campo, lesmas e agricultores são inimigos mortais, porque as nojentas lesmas comem ou estragam as plantações. Se elas não comessem batatas, haveria fritas suficientes para alimentar 400 mil pessoas por ano!

4. As lesmas terrestres também têm hábitos horrivelmente estranhos. Algumas conseguem se pendurar num fio de visgo.

5. Da mesma forma que os vermes e os caramujos, as lesmas são macho e fêmea ao mesmo tempo (ou seja, são hermafroditas).

6. Quando as lesmas acasalam, elas se juntam, cobrindo-se de visgo. Então, disparam uma na outra flechinhas chamadas de "dardos do amor", para criar um clima. Tão romântico... para lesmas!

Aposto que você não sabia!
Uma lesma nojenta pode lhe dizer qual a direção do vento. É verdade. A lesma sempre rastejará a favor do vento. Elas fazem isso para não secar muito rapidamente.

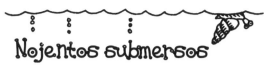

Nojentos submersos

Que tal relaxar num rio ou lago tranquilo e esquecer todos esses bichos nojentos? Quem dera! Eles gostam de água ainda mais que você. E essas águas turvas escondem coisas bem estranhas.

INVERNO
gelado

OS BICHOS NOJENTOS TÊM DE SE REFUGIAR NA LAMA, NO FUNDO.

PRIMAVERA
chuva

A CHUVA ÁCIDA É MUITO RUIM PARA OS BICHOS NOJENTOS.

VERÃO
quente e ensolarado

SE O CLIMA ESQUENTAR DEMAIS, O LAGO PODE SECAR!

OUTONO
úmido

AS FOLHAS PODEM SE ACUMULAR NO LAGO AO APODRECEREM, PODEM CONSUMIR TODO O OXIGÊNIO, MATANDO OS BICHOS NOJENTOS!

Pense num lago como uma espécie de sopa viva. A água está cheia de pequenos animais e plantas. Os animais maiores estão sempre tentando comer os menores, que, por sua vez, tentam comer os ainda menores; assim, todos estão evitando ser comidos uns pelos outros. Os cientistas chamam isso de cadeia alimentar.

O lago é um lugar perigoso para se viver. E não é só por causa de outros animais. Existem muitos perigos o ano todo. Alguns humanos jogam lixo e poluição venenosa e, às vezes, decidem esvaziar o lago!

Horríveis estilos de vida aquáticos

Cada bicho nojento de água doce desenvolveu seu próprio método de vida e alimentação. Veja se você consegue associar cada bicho a seu asqueroso estilo de vida.

1. Fica sob a superfície da água e respira através de um tubo. Com suas pinças, agarra algum bicho que esteja passando e chupa seus fluidos.

2. Vive num sino de mergulho subaquático, feito de seda e bolhas de ar. Come qualquer coisa que se mova.

3. Fica de cabeça para baixo, junto à superfície, armazenando ar em sua concha. Come plantas pequenas.

4. Anda pela superfície procurando bichos caídos. Seu corpo leve e as pernas espaçadas garantem que ele não quebre a tensão superficial da água (e, assim, não afunde).

5. Vive na água e se movimenta aos saltos. Alimenta-se de pequenas plantas.

6. Nada em círculos na superfície e mergulha para escapar do perigo. Tem quatro olhos, um par acima da água e o outro abaixo. Também é capaz de voar! Come outros bichos do lago.

A) PERCEVEJO-DA-ÁGUA

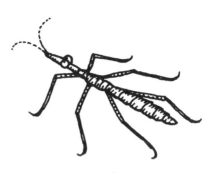
B) HIDRÔMETRO

C) BESOURO-DA-ÁGUA

D) CARAMUJO

E) PULGAS-D'ÁGUA

F) ARANHA-DA-ÁGUA

Respostas: 1 a), 2 f), 3 d), 4 b), 5 e), 6 c).

Horrível diversão aquática

Desde que as condições no lago sejam adequadas e haja comida em abundância, a vida para um bicho nojento do lago deve se parecer com férias permanentes. Você gostaria de embarcar nessa?

BEM-VINDO AO PARQUE AQUÁTICO BICHO NOJENTO!

O CENTRO DE ENTRETENIMENTO AQUÁTICO ONDE O LAZER É LETAL!

Aviso: Não podemos garantir sua segurança. Se você for comido, a culpa não é nossa. Tudo bem?

Um grande mergulho!
MERGULHE PARA O PERIGO COM O GRANDE ESCARAVELHO MERGULHADOR. ARMAZENE BOLHAS DE AR SOB AS ASAS PARA PERMANECER SUBMERSO POR MAIS TEMPO. APRENDA TAMBÉM A AGARRAR E A DEVORAR OUTROS BICHOS COMESTÍVEIS.

Remo e pesca
PASSEIE COM NOSSA ARANHA REMADORA. FLUTUANDO EM SUA PRÓPRIA FOLHA, TENTE ENCONTRAR UM LOCAL PARA PESCAR. ENTÃO, MERGULHE UMA DE SUAS OITO PERNAS NA ÁGUA PARA ATRAIR PEIXINHOS.

ESTE ANO VAMOS FICAR EM CASA, CRIANÇAS!

Corrida de barcos movidos a superbesouro

PARTICIPE DE UMA CORRIDA NOS BARCOS MOVIDOS A BESOURO. SEGURE FIRME, ENQUANTO ELE DISPARA PELA ÁGUA. TODOS OS NOSSOS BESOUROS POSSUEM OS MAIS MODERNOS MOTORES A GÁS ABDOMINAL.

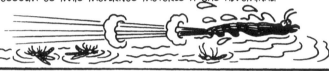

Natação!

APRENDA O NADO DE COSTAS COM O NOSSO BRILHANTE PROFESSOR, O ESCARAVELHO-REMADOR. E TENHA LIÇÕES DE NADO DE PEITO COM SEU ASSISTENTE.

Agora que você já exercitou seu apetite, nada melhor que relaxar em nossos exclusivos restaurantes subaquáticos.

Café "Larva da Mosca-d'Água"

CONSTRUÍDO COM PEDREGULHO E REVESTIDO COM PAPEL DE PAREDE DE SEDA, É O LUGAR PERFEITO PARA UMA REFEIÇÃO RELAXANTE E INFORMAL. FAÇA SUA RESERVA AGORA, ANTES QUE O CHEF MOSCA-D'ÁGUA CRESÇA E VÁ EMBORA VOANDO. SUA OPÇÃO É VEGETARIANA? O "CAFÉ MOSCA-D'ÁGUA VEGÊ" OFERECE UMA SELEÇÃO DE PLANTINHAS VISGUENTAS E PEDAÇOS DE FOLHAS EM DECOMPOSIÇÃO. AVISO AOS CLIENTES: CUIDADO COM A TRAIÇOEIRA TRUTA. ÀS VEZES, ELA PODE TENTAR COMER O RESTAURANTE.

CAFÉ

CUIDADO COM A TRUTA!

> **Aposto que você não sabia!**
>
> Em maio ou junho, as efeméridas têm o melhor dia de sua vida. Na verdade, o único. Elas vivem apenas um dia. Elas se acasalam, põem os ovos e morrem. Bichos nojentos e peixes perigosos banqueteiam-se com o corpo das efeméridas.

FELIZ ANIVERSÁRIO!

Sanguessugas sórdidas

À espreita, no fundo de lagos ou canais, fica uma criatura que faz as outras parecer até simpáticas. Não há como negar. Essas criaturas são *asquerosas*!

Arquivo assustador

NOME DA CRIATURA:	SANGUESSUGA
ENCONTRADA:	EM TODO O MUNDO, NA ÁGUA OU EM FLORESTAS TROPICAIS ÚMIDAS.
HÁBITO HORRÍVEL:	CHUPA SANGUE
HÁBITO ÚTIL:	USADA NA MEDICINA PARA... CHUPAR SANGUE! (POR INCRÍVEL QUE PAREÇA!)
CARACTERÍSTICA:	LONGO CORPO SEGMENTADO, COM VENTOSAS SUGADORAS NAS DUAS EXTREMIDADES.

Prêmios para as sanguessugas mais sórdidas

GLOSSIFÔNIA
GOSTA DE CHUPAR OS FLUIDOS DE CARAMUJOS SUBAQUÁTICOS.

SANGUESSUGAS-DOS-CAVALOS NÃO TÊM NADA QUE VER COM CAVALOS. ESSAS FEIURAS SUBAQUÁTICAS DE 30 CM ADORAM CARNE EM DECOMPOSIÇÃO E VERMES FRESCOS.

TERMIZON
METE O NARIZ ONDE NÃO É CHAMADA, OU MELHOR, ESSA REPUGNANTE SANGUESSUGA SE ALIMENTA NAS NARINAS DE AVES PERNALTAS.

Barômetro sórdido de sanguessuga

Até mesmo as sanguessugas têm utilidade. Esta é uma desprezível invenção vitoriana que é melhor **não** tentar imitar. Simplesmente, coloque uma sanguessuga dentro de um pote com água doce de um lago. Cubra a abertura do pote com um tecido fino, prendendo-o bem. De vez em quando, alimente seu barômetro com um pouco de sangue.

Como ler o barômetro:

1. Quando a sanguessuga sobe para o topo do pote significa que vem chuva por aí. Quando o tempo melhorar, a nojentinha volta para o fundo.
2. A sanguessuga sossegada no fundo do pote significa tempo bom ou frio.
3. Sanguessuga agitada indica tempestade à vista.

Bichos rastejantes e repugnantes

Quem é que nunca espiou debaixo de uma pedra e deparou com uma variedade de criaturas horríveis? É possível que entre esses bichos rasteiros houvesse centopeias, milípedes e tatuzinhos de jardim. Você poderia pensar: já que essas criaturas vivem no mesmo lugar, elas são todas amigas. Bem, você estaria terrivelmente errado. As centopeias gostam de comer milípedes sempre que possível. E isso é só o começo!

Arquivo assustador

NOME DAS CRIATURAS:	CENTOPEIAS E MILÍPEDES
ENCONTRADOS:	EM TODO O MUNDO, FREQUENTEMENTE EM MEIO A FOLHAS EM DECOMPOSIÇÃO E PRÓXIMO A MADEIRA PODRE.
CARACTERÍSTICAS:	CENTOPEIA: CORPO LIGEIRAMENTE ACHATADO E SEGMENTADO. DUAS PERNAS ARTICULADAS EM CADA SEGMENTO; DUAS ANTENAS LONGAS. MILÍPEDE: CORPO CILÍNDRICO E SEGMENTADO. QUATRO PERNAS ARTICULADAS EM CADA SEGMENTO; DUAS ANTENAS CURTAS.

CENTOPEIA — ANTENAS — CABEÇA — MILÍPEDE

Comparação rasteira

1. **Quantidade de pés** – milípede significa "mil pés", o que apenas demonstra que alguns cientistas não sabem contar. Nenhum milípede possui mais que 300 pés. Centopeia significa "cem pés". Mas (de novo!) os cientistas se enganaram terrivelmente! Muitas centopeias têm menos de 30 pés.

2. **Modo de andar** – quando um milípede anda, ondas de movimento passam por seu corpo de modo que ele desliza para a frente. Já uma centopeia levanta as pernas alternadamente, da mesma forma que você. Ela possui pernas mais longas atrás, para evitar tropeços.

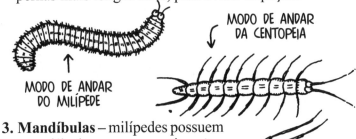

3. **Mandíbulas** – milípedes possuem mandíbulas para mastigação; centopeias têm presas venenosas. Todos são muito nojentos.

4. **Problemas românticos** – milípedes têm um grande problema: não enxergam muito bem. Assim, os machos desenvolveram formas estranhas de atrair a fêmea.

- Alguns batem a cabeça no chão.
- Outros emitem um guinchado alto.
- Alguns soltam aromas especiais.
- Outros esfregam as pernas umas contra as outras para produzir ruídos.

A centopeia macha, por sua vez, tem seus problemas. Todas as centopeias são terrivelmente agressivas, e a fêmea desejada por um macho pode até devorá-lo! Então, primeiro o macho fica andando ao redor da fêmea, tocando nela com suas antenas para mostrar que é amigo.

Centopeias e milípedes assassinos

As centopeias adoram comer os milípedes, quando surge a oportunidade. Mas os milípedes geralmente resistem! Acontece o seguinte: o plano de ataque da centopeia é introduzir as presas na vítima e injetar seu veneno. Quando a vítima parar de se debater, pode comer à vontade.

Plano de defesa do milípede: enrolar-se num círculo e soltar fluido fedorento de suas glândulas nas laterais do corpo.

Quem você acha que tem mais chances de vencer, o malévolo milípede ou a sinistra centopeia?

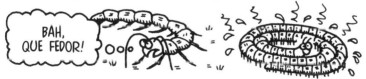

Em certas partes do mundo, centopeias e milípedes podem se tornar um problema de enormes proporções. Os milípedes gigantes podem atingir 26 cm de comprimento.

Alguns desses monstros possuem presas terríveis. Um tipo de centopeia das ilhas Salomão tem uma picada especialmente dolorosa. Sabe-se de pessoas que enfiaram a mão dentro de água fervente para tentar esquecer-se da dor! Na Malásia, a picada da centopeia local já foi descrita por viajantes como pior que a de uma cobra. E, na Índia, há histórias ainda mais assustadoras sobre pessoas que morreram após serem picadas por centopeias gigantes. Os milípedes não são muito melhores. No Haiti e nas Antilhas, milípedes gigantes atacam as galinhas e, às vezes, cegam-nas com jatos de veneno! Outros milípedes gigantes produzem pequenas nuvens de gás venenoso, que matam seus predadores.

O tamanho não salva as centopeias ou os milípedes gigantes de mortes extremamente repulsivas. Na savana africana, é comum ver calaus (pássaros de bico comprido) andando vagarosamente enquanto olham para o chão. De repente, eles agarram com o bico uma centopeia desavisada, e ela não tem como se defender. A pobre e letal centopeia virou mais um lanchinho delicioso para o calau.

Outras centopeias são carregadas por exércitos de formigas. Tudo bem, elas podem até matar facilmente algumas centenas de formigas, mas não na proporção de 10 mil inimigas para uma centopeia; logo, elas não têm a menor chance.

Milípedes gigantes também passam por maus momentos. Doninhas frequentemente comem milípedes. O engraçado é que elas sempre franzem o rosto de nojo enquanto estão comendo. Bem, quem poderia esperar que um milípede fosse gostoso?

Você teria coragem de fazer amizade com... um milípede?

Agora, as boas notícias. Em nosso país, os milípedes são inofensivos, desde que você trate bem deles e não tente comê-los. Veja como preparar uma refeição para eles, só para mostrar que você é um bom camarada.

1. Primeiro, pegue seu milípede. (Certifique-se de que é um milípede e não uma centopeia!) Os milípedes se escondem em lugares escuros; logo, procure embaixo de folhas caídas ou cascas de árvore em decomposição.
2. Coloque seu novo amigo num pote com um pouco de terra e um pedaço de casca de árvore, para que ele possa se esconder.
3. Sirva, então, uma refeição deliciosa. A boca de um milípede se enche de água à medida que vê uma amora, um pedaço de casca de batata, uma alface velha e mofada ou simplesmente um pedacinho de maçã. Coloque algumas dessas maravilhas no pote.
4. Ponha o vidro com o milípede num local isolado e escuro.
5. No dia seguinte, confira qual foi o cardápio escolhido.

6. É hora, então, de se despedir de seu amigo milípede. Devolva seu hóspede ao local onde o encontrou, pois, certamente, ele terá bastante comida e abrigo seguro.

Vamos esperar que nenhuma centopeia esteja de tocaia, ou seu milípede vai virar refeição de alguém.

Sangue de baratinha-d'água

Junto com milípedes e centopeias, é possível que, bem no fundo do seu jardim, vivam centenas – talvez milhares – de baratinhas-d'água. Todas as espécies desses bichos nojentos são nervosas e tímidas. Então, leia este livro *em silêncio*. As espécies mais comuns são o tatuzinho e a baratinha-d'água.

Arquivo assustador

NOME DAS CRIATURAS:	BARATINHA-D'ÁGUA, TATUZINHO-DE-JARDIM
ENCONTRADOS:	NO MUNDO TODO, EM LOCAIS ESCUROS E ÚMIDOS ONDE HAJA MATERIAL EM DECOMPOSIÇÃO, COMO FOLHAS CAÍDAS.
CARACTERÍSTICAS:	15 MM DE COMPRIMENTO, COM SETE PARES DE PERNAS ARTICULADAS E DUAS ANTENAS. A CARAPAÇA SEGMENTADA ENVOLVE O CORPO, PERMITINDO QUE SE MOVA COM FACILIDADE.

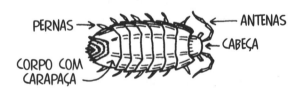

Um tatuzinho pode se enrolar, formando uma bola (mas, por favor, não tente jogar futebol com ele). A baratinha-d'água comum não consegue fazer isso. Algumas pessoas acham que esses bichos nojentos são entediantes; mas, como sempre, estão erradas. As baratinhas-d'água são bem interessantes.

Dez fatos terrivelmente interessantes sobre baratinhas-d'água

1. Pouca gente sabe, mas uma baratinha-d'água *não* é uma barata. Na verdade, as pessoas interioranas chamam-nas de diversos nomes.

2. As baratinhas-d'água têm parentes extremamente interessantes, como caranguejos, camarões, lagostas – são todos crustáceos. Muita gente gosta de comer os parentes marítimos, e talvez você possa pensar que pouquíssima gente aprecia comer as baratinhas-d'água... Errado!
3. Não se trata de um hábito nojento, mas de uma iguaria deliciosa. As baratinhas-d'água fritas e salgadas são uma especialidade africana. Elas são comidas como batatinha frita!

4. As baratinhas-d'água têm uma dieta terrivelmente chata: comem plantas em decomposição e mofo. Não é algo que todo mundo aprecia; mas alguém tem de comer isso, senão estaríamos afundados até o pescoço nessas coisas. E as baratinhas-d'água incrementam sua alimentação com pratos exóticos, como outras baratinhas-d'água ou seus próprios excrementos e pele, quando fazem a muda.

5. As baratinhas-d'água começam a vida como ovos numa bolsa na barriga da mamãe. Quatro semanas depois, elas aparecem. Baratinhas bebês vivem com os pais, o que é um modo interessante para um bicho nojento começar a vida, porque a maioria dos ovos de insetos, por exemplo, é abandonada por suas mães. É terrível, mas verdadeiro.

6. A vida das baratinhas-d'água é dramaticamente agitada. Deixam no chinelo a maioria das novelas de TV. Isso mesmo, as baratinhas nunca vão para a cama cedo com uma xícara de leite morno. Elas dormem durante todo o dia e saem à noite, quando invadem sua casa.

7. É mais comum conseguir vê-las com o clima úmido, pois o maior perigo para elas é secar. Todos os anos, milhões de baratinhas bebês têm um fim triste e enrugado, porque simplesmente secam.

8. Algumas baratinhas-d'água vivem em lugares horrivelmente interessantes. Uma variedade vive dentro de ninhos de formigas amarelas e come seus excrementos; outro tipo vive junto ao mar, sob pilhas de algas em decomposição.

9. Baratinhas-d'água têm inimigos interessantes, ainda que mortais. O mais perigoso deles é a aranha. Uma vez apanhada nas garras da aranha, a baratinha já era, pois a aranha injeta seu veneno e a pobrezinha morre em... sete segundos. Que jeito terrível de morrer!

10. Existem uns vermezinhos minúsculos que vivem dentro das baratinhas-d'água e podem matá-las. Há também as larvas de mosca, que rastejam para dentro do corpo de uma baratinha e a comem de dentro para fora.

Você teria coragem de fazer amizade com... uma baratinha-d'água?

Elas podem não ser as criaturas mais inteligentes do reino dos bichos nojentos, mas sabem um ou dois truques de sobrevivência. Então, por que você não testa sua própria baratinha-d'água? Anote as reações dela e depois tente explicar seu comportamento.

1. Primeiro, encontre sua baratinha-d'água embaixo de uma pedra ou de um pedaço de madeira ou, ainda, em um canto úmido.

2. Pegue um pedaço de madeira (como uma régua) e tente fazer sua baratinha subir nele em diversas inclinações. Ela:
a) afasta-se, caminhando na direção contrária;
b) sobe com facilidade na madeira;
c) sobe com dificuldade;

3. Pegue uma caixa e corte metade da tampa. Descubra de que lado da caixa a baratinha-d'água gosta mais:
a) luz;
b) sombra.

4. Coloque sua baratinha em cima da mesa e cutuque-a de leve com a ponta de um lápis. Isso é uma coisa bem assustadora para ela (e para você também, se o fizer na mesa de jantar na hora da refeição). A sua baratinha:
a) enrola-se numa bola;
b) foge;
c) agarra-se no chão;
d) finge estar morta;
e) produz uma substância nojenta para fazê-lo desistir de comê-la.

5. Não se esqueça de colocar sua baratinha-d'água, a salvo, onde você a encontrou.

> **Você descobriu...** que sua baratinha-d'água consegue fugir do perigo com facilidade? Que ela se abriga na sombra, para não correr o risco de secar ao sol? Que ela tem vários truques para o caso de ser atacada?

Era de esperar que um bicho com tantos truques fosse mais numeroso e presente no nosso dia a dia. Bem, seria, se não fosse pela competição com um grupo de bichos tão nojentos que fazem as baratinhas-d'água parecer uns amores. Em ação, os insetos invasores!

Insetos invasores

De qualquer ponto de vista, os insetos formam um grupo de bichos nojentos horrivelmente importante. Eles são a mais variada, mais cruel, mais faminta e, de acordo com algumas pessoas, a mais nojenta forma de vida no planeta. Podem existir mais de 30 milhões de variedades deles, isto é, dez vezes mais do que todos os outros tipos de animais *juntos*!

Não é de surpreender, portanto, que você encontre insetos em qualquer lugar que olhar. Isso se quiser realmente encontrá-los! Também não é de admirar que eles tenham grande influência em nossa vida como invasores de plantações, casas, escolas – nenhum lugar está livre dos insetos invasores!

Partes e pedaços de insetos

Apesar de suas muitas diferenças, os diversos insetos têm as mesmas características básicas. Nós fizemos com que esta gracinha de besouro sofresse um "acidente" para podermos estudá-lo.

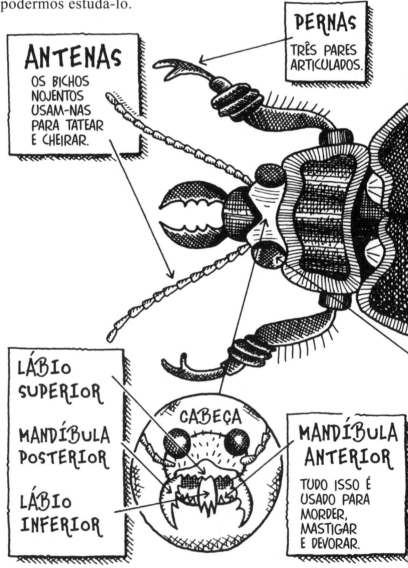

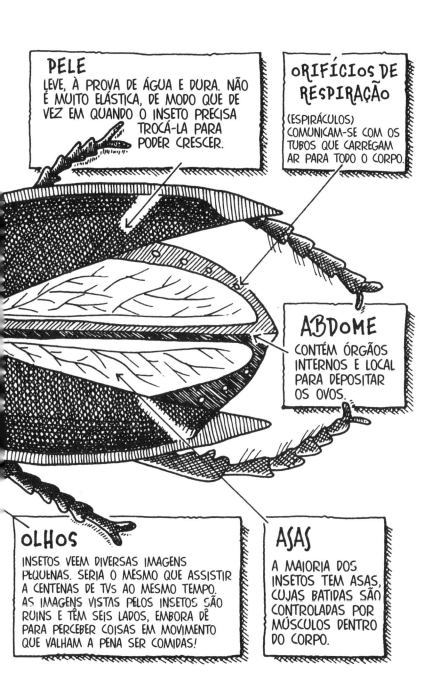

Revoltantes recordes de insetos

1. **Inseto mais comprido** – insetos gigantes de Bornéu se parecem com velhos pedaços de pau; crescem até 33 cm.

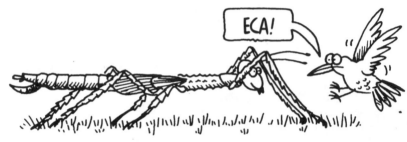

2. **Maior inseto voador** – a borboleta Rainha Alexandra, da Nova Guiné, tem uma envergadura de 28 cm. Mas isso não é nada. Há meros 300 milhões de anos existiam libélulas com 75 cm de envergadura.

3. **Os menores insetos** – ele se parecem com mosquinhas, mas são, na verdade, pequenas vespas de apenas 0,21 mm. A boa notícia é que não ferroam humanos.

4. **Inseto mais pesado** – um único besouro Golias, da África Central, pode pesar até 100 gramas.

5. **Inseto mais leve** – o inseto mais leve é uma espécie de vespa parasítica. Seria necessário 25 milhões delas para igualar o peso de um besouro Golias.

6. **Inseto voador mais rápido** – uma espécie de libélula australiana pode atingir 58 km/h.

7. **Insetos de reprodução mais rápida** – pulgões (afídeos) fêmeas dão à luz cedo. Dentro de seus filhotes já existem bichos em desenvolvimento. E dentro dos

insetos em desenvolvimento há mais bichos em desenvolvimento, e assim por diante. Não é de surpreender que, num único verão, um afídeo fêmea possa produzir milhões de descendentes.

Hábitos horríveis dos insetos

Alguns desses bichos nojentos mudam muito pouco ao crescer, enquanto outros mudam completamente. Assim, existem dois tipos de hábitos horríveis de insetos.

Hábitos horríveis 1

O nome científico para essa coleção de hábitos é "metamorfose incompleta" (que descreve um corpo em mudança). Os louva-a-deus, os gafanhotos e as libélulas se desenvolvem assim.

Hábitos horríveis 2

O nome científico para esse hábito horrendo é "metamorfose completa". Besouros, formigas, abelhas, vespas, borboletas, mariposas, moscas e pernilongos passam por uma metamorfose completa.

> **Aposto que você não sabia!**
> As pessoas acreditavam que insetos como as moscas surgissem espontaneamente em carne em putrefação e carcaças de animais mortos. Que ideia!

Terríveis modos à mesa

Você gostaria de jantar com um inseto? Em caso afirmativo, é melhor aprender a comer como um.

Você vai precisar de
Uma esponja nova
Fita adesiva
Canudinho
Um pires com suco de laranja

Como você vai fazer
1. Corte um pedacinho da esponja.
2. Prenda-o, com a fita, na extremidade do canudinho.
3. Tente sugar o suco de laranja no pires.

Parabéns! Você está comendo como uma mosca. As moscas regurgitam suco digestivo a fim de dissolver a comida antes de engoli-la. (Não tente fazer o mesmo!)

Horrível demais para assistir

Os filmes estão cheios de insetos – principalmente os filmes de terror. São moscas e formigas gigantescas. É impressionante como os monstros espaciais se parecem com insetos.

Na verdade, os produtores de cinema costumam estudar os bichos nojentos para ter ideias que serão usadas na filmagem de um monstro realmente horrendo.

Mas quem precisa de monstros de mentirinha, quando insetos reais são muito mais assustadores?

Primeiro prêmio para bicho medonho – moscas *diopsidae* conseguem enxergar alguma coisa virando a esquina porque seus olhos ficam em duas hastes.

Segundo prêmio para bicho medonho – há um tipo de gorgulho cujo pescoço é tão comprido quanto o resto do corpo. E ninguém sabe por que é assim!

Besouros horríveis

A maioria das pessoas acha que os besouros são muito nojentos, principalmente aqueles besourões pretos que adoram ficar voando ao redor da nossa cabeça. A má notícia é que, de todas as muitas ordens de insetos, os besouros formam o maior grupo, que fica cada vez maior, porque os cientistas estão sempre descobrindo novas espécies. O surpreendente é que existe apenas um modelo básico de besouro.

Arquivo assustador

NOME DA CRIATURA:	BESOURO
ENCONTRADO:	EM TODO O MUNDO, EM QUALQUER LUGAR QUE VOCÊ PUDER PENSAR, MENOS NO MAR, EMBORA ALGUNS VIVAM NA PRAIA.
CARACTERÍSTICAS:	A MAIORIA DOS BESOUROS TEM ANTENAS CURTAS E ASAS DIANTEIRAS DOBRADAS SOBRE AS ASAS TRASEIRAS, AS QUAIS PROTEGEM O CORPO DO BESOURO.

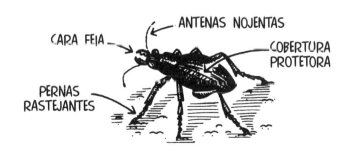

Besouros incríveis

Com tantas espécies de besouros, é natural que alguns desses bichos sejam surpreendentes, enquanto outros trazem consequências terríveis para nossa casa e alimentos. Mas quais dos besouros seguintes são inacreditáveis demais para ser verdadeiros?

Verdadeiro ou falso?

1. Existe um besouro que come, veja só, biscoitos. Essa é a má notícia. A boa é que ele não gosta de biscoitos de chocolate, mas daqueles "sem graça", que você não come mesmo. Verdadeiro/Falso

2. O besourinho do fumo come (pasme!) cigarro. Suas larvas, principalmente, adoram tabaco e não dão a mínima para os avisos do Ministério da Saúde. Verdadeiro/Falso

3. O besouro violino *não* come violinos. Ele só se parece com um violino com pernas; vive em meio a camadas de fungo nas árvores da Indonésia. Verdadeiro/Falso

4. O besouro sorvete vivia no Ártico, onde comia mosquinhas. Recentemente, tornou-se uma praga em lojas de sorvete, e seu sabor preferido é o *tutti-frutti*. Verdadeiro/Falso
5. Um besouro que perfura buracos em barris de vinho e rum. Na verdade, ele é abstêmio, ou seja, nunca bebe o álcool de dentro dos barris, pois prefere a madeira! Verdadeiro/Falso

6. Um besouro parecido com os que comem biscoitos, mas que vive em armários de remédios. Ele gosta de ingerir remédios, incluindo alguns tóxicos! Verdadeiro/Falso
7. O gigante besouro-gargarejo é encontrado em florestas tropicais. Ele enche a boca de orvalho, pela manhã, e emite sons altos parecidos com gargarejos. Verdadeiro/Falso
8. Existe um besouro que avança na sua comida saqueando a despensa durante a noite. Seu prato preferido é o toucinho. Verdadeiro/Falso
9. O besouro-museu gosta tanto de viver no passado que é encontrado em vitrines velhas e come espécimes de museu. Seu prato preferido são os bichos nojentos preservados. Verdadeiro/Falso

10. Alguns besouros vivem na madeira. Certas igrejas inglesas contêm famílias de besouros que viveram lá por centenas de anos. Verdadeiro/Falso

Respostas: 1 Verdadeiro. **2** Verdadeiro, mas são encontrados com mais frequência nas folhas de tabaco. **3** Verdadeiro. **4** Falso, nem mesmo os besouros conseguem sobreviver ao frio extremo. **5** Verdadeiro. **6** Verdadeiro, ele aprecia principalmente remédios tradicionais feitos de plantas secas. **7** Falso. Os besouros não fazem bochechos pela manhã (ou a qualquer hora). **8** Verdadeiro, mas você pode fritar o besouro em vez do toucinho. **9** Verdadeiro, os visitantes do museu têm, então, que ver besouros vivos em vez de espécimes preservados. **10** Verdadeiro.

Você teria coragem de fazer amizade com... uma joaninha?

Um tipo de besouro simpático é a joaninha. Se você sempre quis conhecer socialmente uma delas, esta é a sua oportunidade.

1. Primeiro, procure por suculentos pulgões. Eles podem ser brancos, amarronzados ou pretos. Você os encontrará nas roseiras ou em outras plantas durante o verão.
2. Corte um raminho ou folhas com muitos pulgões e coloque-o dentro de um pote.
3. Acrescente uma joaninha. Você consegue encontrá-la a partir do final da primavera, em arbustos e cercas. Assista à sua joaninha em atividade. Ela consegue devorar até 100 pulgões por dia.
4. Tenha cuidado com sua joaninha e deixe-a ir embora depois do almoço. Você quer saber o que acontece se as coisas derem errado e sua amiga se aborrecer? Experimente cutucá-la – *com muito cuidado* – usando uma folha

ou um raminho. Ela vai se virar de costas, fingindo estar morta (um jeito rápido de terminar o almoço). Se você a provocar muito, ela poderá morder. Cuidado, porque esses bichos realmente mordem.

Como não chatear uma joaninha

Durante o almoço, vocês podem conversar sobre qualquer assunto que ela não se aborrecerá, porque não entende português. Rimas bobas, como...

...não a ofenderão de modo algum. Isso porque:

1. As joaninhas não têm casa. Uma folhinha é mais que suficiente para elas. Assim, é improvável que sua amiga ficasse chateada se a casa estivesse em chamas.

2. As joaninhas podem voar, mas jamais voariam em direção ao fogo (apenas mariposas maníacas fazem isso).

3. As joaninhas não dão a mínima para seus filhos. Apenas põem os ovos!

Trabalho difícil de ser feito? Chame um besouro

Os besouros não vêm apenas numa horrível variedade de tamanhos e formatos. Eles também têm diversos estilos de vida; onde quer que haja um trabalho a ser feito, existe um besouro adequado.

66 SERVIÇOS DE BESOUROS

CUIDADO! É UM BOMBARDEIRO!

COMPRE A ÚLTIMA PALAVRA EM SISTEMAS DE DEFESA PESSOAL. AFASTE OS VALENTÕES COM UM BESOURO BOMBARDEIRO. DOTADO DE AÇÃO "AUTOMISTURANTE" PARA PRODUZIR SUBSTÂNCIAS TERRÍVEIS. ESPANTOSO SISTEMA DE AQUECIMENTO INTERNO QUE ESQUENTA AS SUBSTÂNCIAS ATÉ 100°C. DISPARA DE 500 A 1.000 JATOS POR SEGUNDO! O BESOURO BOMBARDEIRO NÃO PRECISA DE MANUTENÇÃO. APENAS DEIXE-O DEVORAR ALGUNS INSETOS MENORES DE VEZ EM QUANDO.

ESCOLITÍDEO (BESOURO DA CASCA DO OLMO) – CIRURGIÃO DE ÁRVORES

ALGUNS OLMOS ESTÃO ATRAPALHANDO A VISÃO? PRECISA DE MAIS LUZ? LIGUE-NOS AGORA. EXPERIMENTE NOSSA FÓRMULA EXCLUSIVA DE FUNGOS DA DOENÇA DO OLMO – UMA NOJENTA PLANTINHA SEM RAÍZES QUE ACABA COM AS ÁRVORES. INSTALAMO-NOS RAPIDAMENTE SOB A CASCA E EXTERMINAMOS SUA ÁRVORE.
• FLORESTAS DERRUBADAS.
• NENHUM TRABALHO É GRANDE DEMAIS. A DOENÇA ESTABELECEU-SE NA DÉCADA DE 1970 NA GRÃ-BRETANHA, ONDE MAIS DE 25 MILHÕES DE OLMOS FORAM ELIMINADOS.

ILUMINE SUA CASA

COM LUMINÁRIAS DE VAGA-LUMES AMPLAMENTE USADAS NAS ANTILHAS E NO ORIENTE. ESSAS LUMINÁRIAS EMITEM LUZ VERDE OU AMARELA A PARTIR DO CORPO DE VAGA-LUMES FÊMEAS. QUARENTA VAGA-LUMES EMITEM TANTA LUZ QUANTO UMA VELA. NÃO NECESSITAM DE ENERGIA NEM DE BATERIAS. TUDO É CONSEGUIDO COM SUBSTÂNCIAS PRODUZIDAS PELOS VAGA-LUMES.

SERVIÇOS DE BESOUROS 67

BESOURO COVEIRO E FILHOS

MORREU? CHAME NOSSA FAMÍLIA DE AGENTES FUNERÁRIOS. NENHUM TRABALHO É GRANDE DEMAIS. ENTERRAMOS QUALQUER COISA, MESMO QUE ISSO SIGNIFIQUE TURNOS DE DEZ HORAS. INCLUI SERVIÇO GRATUITO DE DESMEMBRAMENTO DO CORPO PARA FACILITAR O ENTERRO. ATENDIMENTO PROFISSIONAL. NOSSAS LARVINHAS VÃO CUIDAR DO TÚMULO APÓS O ENTERRO. NA VERDADE, VÃO CUIDAR DE COMER O CORPO, CLARO!

PRECISA MUDAR O COCÔ DE LUGAR?

SERVIÇOS "ROLA-BOSTA" VÃO SE LIVRAR DO MONTE. NOSSA ESPECIALIDADE É MOVER E ENTERRAR O COCÔ. E, AINDA, POREMOS NOSSOS OVOS NELE PARA QUE NOSSAS LARVINHAS POSSAM COMÊ-LO.
"OS BESOUROS 'ROLA-BOSTA' ESTAVAM A POSTOS ANTES DE COCÔ CHEGAR AO CHÃO. ERAM 7 MIL DEDICADOS AO TRABALHO E LOGO SE LIVRARAM DO MONTE! MINHA SAVANA NUNCA ESTEVE TÃO LIMPA!" U. M. ELEFANTE, ÁFRICA.

JOIAS COM VONTADE PRÓPRIA

JÁ DESEJOU JOIAS QUE SE GUARDAM SOZINHAS À NOITE? COMPRE BUPRESTÍDEOS – BESOUROS USADOS COMO JOIAS EM MUITAS PARTES DO MUNDO. VÁRIAS CORES METÁLICAS PARA ESCOLHER, INCLUSIVE DOURADO. AJUDA A QUEBRAR O GELO EM FESTAS. P. EX.: "O QUE SEU BRINCO GOSTARIA DE COMER?". AVISO DO FABRICANTE: NÃO DEIXE SUAS JOIAS PÔR OVOS NOS MÓVEIS. AS LARVAS PODEM PASSAR 47 ANOS COMENDO A SALA DE ESTAR ANTES DE SE TRANSFORMAR EM BUPRESTÍDEOS.

Besouros de briga

Os besouros não têm muita vida em família, mas sabem tomar conta de sua propriedade. Caso contrário, logo arrumariam grandes problemas.

Luta de cabra-loura

Se você fosse um besouro cabra-loura macho, defenderia seu território (um pedaço de galho de árvore) da seguinte forma. O objetivo do jogo é derrubar seu oponente do galho.

Você vai precisar de
Um par de mandíbulas gigantes que se pareçam com grandes garras

Como você vai fazer
1. Encare seu oponente.

2. Agarre-o pelo meio com suas mandíbulas dentadas e tente virá-lo de costas (é mais fácil falar do que fazer, pois ele está tentando o mesmo que você).

3. Se perder, *você* cai do galho e aterrissa de costas, correndo o risco de ser dissecado e mastigado por um monte de formidáveis formigas.

Formidáveis formigas

Todos conhecem as formigas. É fácil encontrá-las no verão, quando invadem sua casa para inspecionar a sua cozinha. Elas são espantosas; metem-se em todos os lugares, das plantas à sua calça. Mas também são horríveis, sob muitas formas.

Arquivo assustador

NOME DA CRIATURA:	FORMIGA
ENCONTRADA:	EM TODO O MUNDO, NA TERRA; VIVE PRÓXIMO AO FORMIGUEIRO.
CARACTERÍSTICAS:	A MAIORIA DAS FORMIGAS TEM MENOS DE 1 CM, CINTURA ESTREITA ENTRE O TÓRAX E O ABDOME; ANTENAS ANGULADAS.

ANTENAS
CINTURA
ABDOME RIDICULAMENTE GORDO

Fatos formidáveis sobre as formigas

1. Desde 1880, a lei alemã protege os formigueiros das formigas vermelhas. Por quê? Porque as formigas de cada formigueiro comem 100 mil terríveis lagartas por dia, além de outras pragas.

2. As formigas do mel extraem a seiva dos afídeos. Elas, na verdade, estão fazendo um favor aos bichos, pois eles não precisam dessa substância pegajosa. As formigas usam a seiva para engordar determinadas formigas do formigueiro. Então, as formigas gordas vomitam a seiva para alimentar o restante do formigueiro. Que horror!

3. As formigas tecelãs fazem seu próprio abrigo costurando as folhas com a seda produzida pelas larvas. As formidáveis formigas usam as larvinhas como carretéis vivos! Quando precisam de mais seda, as formigas adultas apenas têm de tocar as larvas com suas antenas.

4. Existem formigas cujas mandíbulas são enormes (bem, enormes para os padrões de uma formiga). Elas aprisionam pequenos insetos saltitantes com suas mandíbulas e injetam-lhes veneno. Mas o que é realmente espantoso sobre essas formigas é que elas também carregam os ovos, ou larvas, naquelas nojentas mandíbulas com o mesmo cuidado com que qualquer outra mãe carrega seu bebê. Não é lindo?

5. As formigas saúvas cultivam suas próprias plantações. Elas cortam a vegetação, misturando-a com suas fezes para produzir fertilizante. Nesse material, as saúvas cultivam o fungo usado como alimento. Elas até mesmo removem os tipos de fungo indesejados, juntando-os à massa de fertilizante. Quando uma rainha saúva parte para iniciar um novo formigueiro, ela leva um pouco do fungo para começar uma nova plantação.

6. Depois do plantio desgastante, vem a colheita. As formigas agricultoras vivem no deserto, onde reúnem sementes e fazem pão ao mastigá-las e remover as cascas. Elas, então, guardam o pão para quando tiverem fome.

7. A formiga-buldogue australiana tem uma mordida terrível. Não é que a mordida seja apenas dolorosa; essa espantosa formiga ainda injeta ácido na ferida! Trinta mordidas podem matar um humano em 15 minutos. Essa provavelmente é a formiga mais perigosa do mundo...

8. Será? Nas florestas da África e da América do Sul, esconde-se algo ainda mais assustador. Tem 100 metros de comprimento e 2 metros de largura e come qualquer coisa tola o suficiente para ficar em seu caminho. Reduz lagartos, cobras e até animais maiores a esqueletos. Até mesmo humanos grandes e fortes preferem correr e salvar sua vida a enfrentar essa coisa. Nada pode se opor a ela e sobreviver. O que é essa criatura aterrorizadora? Uma formiga? Bem, na verdade, é uma coluna de 20 milhões de formigas guerreiras. Elas não têm um formigueiro fixo e gastam o tempo invadindo os lugares e sendo cruéis com criaturas que lhes cruzarem o caminho. Você poderia se livrar das baratas usando essas formigas. Mas é claro que você mesmo teria de sair de casa antes das baratas.

9. As formigas vermelhas da Amazônia lutam violentas batalhas contra suas mortais inimigas – as formigas negras. As formigas vermelhas enviam patrulhas para descobrir um caminho para o formigueiro das inimigas. Essas patrulhas marcam o caminho que o exército principal deve seguir. Na batalha, as formigas amazonas usam suas mandíbulas curvas para decepar as cabeças das inimigas. Algumas das amazonas ainda pulverizam gases para confundir ainda mais as formigas negras. Então, as amazonas se retiram levando suas prisioneiras – as larvas negras.

Em pouco tempo, as larvas pegam o cheiro das amazonas, o que as faz pensar que também são formigas vermelhas! Mas não são, e acabam passando o resto da vida como escravas das formidáveis formigas vermelhas.

10. As formigas invasoras, na Indonésia, constroem suas próprias estradas, que chegam a ter 90 metros – o que, para uma formiga, é um *espanto*. Algumas das estradas têm até cobertura para protegê-las. E as formigas têm de obedecer a um rígido código de trânsito:

A MANTENHA-SE SEMPRE DO SEU LADO DA ESTRADA. FORMIGAS VOLTANDO USAM O MEIO, FORMIGAS INDO USAM AS LATERAIS.

B MOVA QUALQUER COISA QUE APARECER NO CAMINHO. SE FOR GRANDE, MORDA. SE FOR PEQUENA, FAÇA AS FORMIGAS MAIS NOVAS TRANSPORTÁ-LA PARA FORA DA ESTRADA. SE COMESTÍVEL, LEVE PARA O FORMIGUEIRO (100 OPERÁRIAS PODEM CARREGAR UMA MINHOCA, 30 OPERÁRIAS SÃO SUFICIENTES PARA UMA SEMENTE).

C SE VOCÊ CRUZAR ESTRADAS DE OUTRAS FORMIGAS, MATE-AS. TODOS OS BICHOS NOJENTOS QUE APARECEREM NO CAMINHO DEVEM SER COMIDOS VIVOS.

Aposto que você não sabia!

Existem cerca de 10 mil espécies de formigas, mas elas têm algumas coisas em comum.
- Um formigueiro é governado por uma rainha, que passa a vida pondo ovos.
- Todas as formigas "operárias" são fêmeas.
- Os machos somente saem dos ovos na época do acasalamento e morrem depois de se acasalar!

Um homem formigável

Quase tão formidáveis quanto as formigas são alguns humanos que as estudaram. Veja o Barão Lubbock, por exemplo:

Mas tudo isso não se comparava à sua paixão eterna por insetos.

O barão bacana concebeu uma experiência formidável para as formigas e descobriu que:

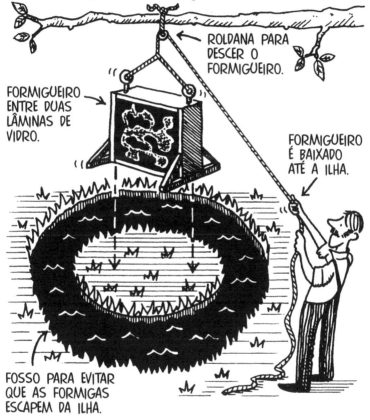

1. As formigas envelhecem. As operárias vivem até sete anos; as rainhas até catorze, quando morrem de velhice.
2. As formigas reagem estranhamente aos sons; elas ouvem através das pernas!
3. Diminutos bichinhos nojentos escondem-se nos formigueiros.

Então, ele imaginou outra experiência com labirintos, trilhas com obstáculos e uma mesa com argolas móveis – tudo de tamanho proporcional às formigas, é claro. Ele queria descobrir se elas tinham senso de direção. O que você acha que ele descobriu?

a) Estamos falando de cérebro de formiga, aqui. Todas elas se perderam.

b) As formigas são como carneiros, sempre seguem a formiga que vai na frente.

c) Elas são realmente inteligentes; avaliam as direções usando os raios de sol, mesmo em dias nublados. Assim, conseguiram achar a saída do labirinto.

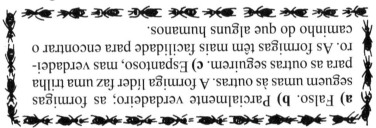

a) Falso. **b)** Parcialmente verdadeiro; as formigas seguem umas às outras. A formiga líder faz uma trilha para as outras seguirem. **c)** Espantoso, mas verdadeiro. As formigas têm mais facilidade para encontrar o caminho do que alguns humanos.

Aromas das formigas

Os aromas são muito importantes para as formigas. Cientistas descobriram que esses aromas fazem as formigas agir de formas diferentes. Você consegue associar o comportamento ao cheiro que o provoca?

1. AROMA DE ALARME
2. AROMA DE FORMIGUEIRO
3. AROMA DE TRILHA
4. AROMA DE REPRODUÇÃO DA RAINHA
5. AROMA HORROROSO DE INIMIGO
6. AROMA DE FORMIGA MORTA

a) AS FORMIGAS TENTAM ENTERRÁ-LA NUM CEMITÉRIO DE FORMIGAS.

b) AS FORMIGAS FOGEM DO FORMIGUEIRO.

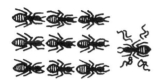

c) UM EXÉRCITO DE FORMIGAS É REUNIDO.

d) ALGUMAS FORMIGAS TENTAM FUGIR ENQUANTO OUTRAS FICAM PARA LUTAR.

e) AS FORMIGAS LUTAM UMAS CONTRA AS OUTRAS.

f) AS FORMIGAS PEGAM O CAMINHO DE CASA.

g) ELAS NADA FAZEM, SE VOCÊ TEM ESSE CHEIRO.

h) AS FORMIGAS MACHO SÃO ATRAÍDAS POR ESSE CHEIRO.

RESPOSTAS: 1 C) 2 E) 3 F) 4 D) 5 B) 6 A)

Abelhas abestalhadas

Formigas e abelhas pertencem ao mesmo grupo repulsivo de bichos nojentos. Assim, não é de surpreender que algumas espécies de abelha também vivam em "ninhos" governados por rainhas. Os seres humanos tendem a dizer que as abelhas são "boas" porque produzem mel. Mas elas também podem ser más, à sua maneira. Cuidado para não levar uma "ferroada" (ha! ha!) ao tentar ensinar ao seu professor alguns segredos nojentos sobre abelhas.

Arquivo assustador

NOME DAS CRIATURAS:	ABELHAS E VESPAS
ENCONTRADAS:	EM TODO O MUNDO; A MAIORIA DAS ABELHAS VIVE ISOLADA. APENAS ALGUMAS ESPÉCIES VIVEM EM GRANDES COLMEIAS.
HÁBITO HORRÍVEL:	FERROAM AS PESSOAS.
HÁBITOS ÚTEIS:	ABELHAS FAZEM MEL E POLINIZAM FLORES.
CARACTERÍSTICAS:	CINTURA FINA ENTRE O TÓRAX E O ABDOME; QUATRO ASAS TRANSPARENTES. AS ABELHAS TÊM A LÍNGUA COMPRIDA E TRANSPORTAM MONTINHOS AMARELOS DE PÓLEN NAS PERNAS TRASEIRAS.

CINTURA
FERRÃO MALVADO
PÓLEN
LÍNGUA

Dentro da colmeia

As abelhas que vivem juntas numa colmeia são chamadas de "sociais". Bem, é preciso muita paciência para "socializar" com essa turma.

Rainhas. Normalmente, a colmeia tem apenas uma rainha, que passa seu tempo pondo ovos. Mas, às vezes, nasce mais de uma, e a coisa fica feia, pois a primeira rainha mata qualquer rival que apareça no seu caminho.

Zangões folgados. A vida de zangão é moleza. Suas irmãs trabalhadoras cuidam de tudo para ele – até lhe dão comida. Não possui ferrão porque nunca vai precisar lutar. Bem, quase nunca, pois vai ter de enfrentar centenas de irmãos para ter uma chance de acasalar. E, caso se acasale com a rainha, morre.

Trabalhadoras exploradas. O que as trabalhadoras fazem? Bem, por incrível que pareça, trabalham... trabalham... e trabalham... Em poucas semanas, essas trabalhadoras exploradas morrem de tanto trabalhar!

TAREFAS PARA TRABALHADORAS

LIMPAR A COLMEIA •
CUIDAR DAS LARVAS •
PROTEGER A COLMEIA •
BUSCAR PÓLEN E NÉCTAR
DAS FLORES • FAZER MEL •
• ALIMENTAR A RAINHA •
ALIMENTAR AS LARVAS •
ALIMENTAR OS ZANGÕES
• FAZER CERA (QUE É A
TRANSPIRAÇÃO DO CORPO
DAS TRABALHADORAS) •
FAZER NOVOS FAVOS
USANDO CERA

Doce mel

Então você adora mel. Pensar em uma fatia de pão com mel não lhe dá água na boca? Nada vai fazer você mudar de ideia, certo? CERTO. Veja como as abelhas fazem o mel; preste atenção em todos os detalhes horríveis:

1. Elas fazem o mel a partir do néctar doce produzido pelas flores. É um trabalho terrivelmente pesado. Algumas abelhas coletam 10 mil flores por dia, chegando a visitar 64 milhões de flores para fazer apenas 1 kg de mel.

2. Isso é bom para as flores, porque as abelhas também carregam pólen em bolsinhas que têm nas pernas. Elas levam o pólen para outra flor do mesmo tipo, onde um pouco desse precioso pólen é depositado, fertilizando a flor e ajudando a formar uma semente.

BOLSAS DE PÓLEN

3. Por que você acha que a flor se dá ao trabalho de ter aroma, cores vistosas e néctar? Para agradar a nós, humanos? Não! É para atrair as abelhas. Quanto mais abelhas, mais flores. Percebe?

4. A abelha usa a língua comprida e a bomba que tem dentro da cabeça para sugar o néctar, que armazena num estômago especial.

LÍNGUA LONGA E NOJENTA

5. O néctar é constituído principalmente de água. Para se livrar dessa água, as abelhas vomitam o néctar e o secam na língua – eca!

6. Então, armazenam o mel em favos para quando precisarem dele. A menos que os humanos o roubem para passar no pão!

Confunda algumas abelhas

Isso funciona melhor num dia de verão, num jardim ou parque onde existam abelhas.

1 ARRUME UM VASO COM FLORES. OBSERVE AS ABELHAS DESCOBRINDO AS FLORES E INDO CONTAR ÀS OUTRAS.

2 ENQUANTO ISSO, VOCÊ ESCONDE AS FLORES.

3 DEPOIS APARECEM MAIS ABELHAS. ELAS ZUMBEM, TODAS FELIZES, PENSANDO NO NÉCTAR E NO PÓLEN QUE VÃO ENCONTRAR.

4 MAS AS FLORES SUMIRAM. RESULTADO: ABELHAS CONFUSAS.

Abelhas, cuidado!

As abelhas têm muitos inimigos horríveis. Para se proteger deles, toda colmeia tem suas guardas, que não recebem treinamento; mas, se o recebessem, seria algo assim:

ABELHA DE MEL. SÓ A DEIXE ENTRAR SE TROUXER COMIDA. CASO CONTRÁRIO, BOTE-A PARA CORRER (OU VOAR). TENHA CUIDADO. ABELHAS DE OUTRAS COLMEIAS, ÀS VEZES, ROUBAM O NOSSO MEL.

MARIPOSA "CABEÇA-DE-CAVEIRA". ESSA AGRESSORA NOTURNA DE NOME TENEBROSO INVADE NOSSA COLMEIA E LAMBE NOSSO DELICIOSO MEL COM SUA LÍNGUA TERRIVELMENTE LONGA. FIQUE DE GUARDA APÓS ESCURECER.

TEXUGO AFRICANO. ESSE PAVOROSO PELUDO ABRE NOSSOS FAVOS COM SUAS GARRAS COMPRIDAS. PRODUZ CHEIROS CHOCANTES PARA ESPANTAR NOSSAS GUARDIÃS. FERROE ASSIM QUE O AVISTAR!

LARVA DE CANTÁRIDA. TENHA CUIDADO AO VISITAR AS FLORES. ESSA LARVA PODE ESTAR À ESPREITA. ELA PEGA UMA CARONA ATÉ A NOSSA COLMEIA, ESCONDE-SE NOS FAVOS E DEVORA AS NOSSAS LARVAS.

RATO. OUTRO TERRÍVEL CAÇADOR DE MEL. FERROE ATÉ A MORTE! LIVRAR-SE DO CORPO DO RATO É UMA CHATEAÇÃO. É MUITO GRANDE PARA SER MOVIDO. ENTÃO, CUBRA-O COM A GOMA DAS ÁRVORES. ISSO VAI MUMIFICÁ-LO, EVITANDO O FEDOR!

HUMANOS. ELES SÓ GOSTAM DE NÓS POR CAUSA DO MEL E DA CERA, QUE USAM EM VELAS E POLIDORES. FERROE SE CHEGAREM MUITO PERTO. VOCÊ NÃO CONSEGUIRÁ PUXAR O FERRÃO DA PELE DELES. SE TENTAR, SUAS VÍSCERAS SERÃO ARRANCADAS. MAS NÃO SE PREOCUPE – MORRERÁ COMO HERÓI.

ABELHA-CUCO. NÃO FAÇA A BOBAGEM DE DEIXÁ-LA ENTRAR. É FÁCIL SE ENGANAR E PENSAR QUE É UMA DE NÓS. UMA VEZ DENTRO DA COLMEIA, VAI PÔR SEUS PRÓPRIOS OVOS.

Belos bichos nojentos

Nada melhor que, num dia quente de verão, ficar preguiçosamente com um suco gelado na mão observando as borboletas brincando ao redor! E existem milhares de diferentes tipos de borboletas em todo o mundo, em incríveis variedades de formatos e cores. É uma pena que tenham hábitos tão horríveis e que façam coisas incrivelmente repulsivas, enquanto ainda são lagartas.

Arquivo assustador

PROBÓSCIDE

BORBOLETA

NOME DA CRIATURA:	BORBOLETA
ENCONTRADA:	EM TODO O MUNDO; AS MAIORES VIVEM NOS PAÍSES TROPICAIS.
HÁBITO HORRÍVEL:	AS LAGARTAS COMEM NOSSOS VEGETAIS.
ALGUM HÁBITO ÚTIL:	AS BORBOLETAS POLINIZAM AS FLORES E SÃO BONITINHAS.
CARACTERÍSTICAS:	DOIS PARES DE ASAS, FREQUENTEMENTE COLORIDAS; CORPO ESTREITO; TUBO DE ALIMENTAÇÃO (PROBÓSCIDE) LONGO E ENROLADO, CONECTADO À BOCA.

Boas, malvadas e feias

As boas

1. Borboletas e muitas mariposas têm surpreendentes padrões coloridos em suas asas. Essas cores são formadas por pequenas escamas que se sobrepõem e auxiliam as borboletas macho e fêmea a se encontrarem para o acasalamento.
2. Borboletas e mariposas conseguem sentir cheiros pelas suas antenas. A mariposa indiana macho pode sentir o cheiro de uma fêmea a mais de 5 km. Ela segue o aroma através de bosques – passando por árvores e riachos –, ignorando todos os outros cheiros. Seria o mesmo que sentir o cheiro do jantar a 75 km de distância!
3. As borboletas também podem cheirar através dos pés! Desse modo, elas podem pousar em uma folha e saber de que tipo ela é. Isso ajuda as fêmeas a pôr seus ovos em folhas que serão devoradas por alegres lagartas.

As malvadas

1. Já as lagartas de polifemos (mariposa norte-americana) recém-nascidas são pequeninas larvas que começam a comer assim que saem do ovo e, em 48 horas, aumentam de tamanho 80 mil vezes!

Essa é uma má notícia para as verduras da região, pois as lagartas comilonas conseguem acabar com todas as folhas de uma árvore.

2. As borboletas brancas são tão comuns quanto o esterco. Elas atravessam o Canal da Mancha em enxames tão grandes que, uma vez, um bando enorme dessas malvadas conseguiu interromper uma partida de críquete.

3. Por falar em enxames grandes, a borboleta migrante africana ganha disparado. Uma cientista tentou observar um bando delas passando – o que foi uma má ideia –, pois a procissão durou três meses sem parar!

6º DIA: NÃO PODE DURAR MUITO MAIS...

As feias

1. Cenas horríveis são presenciadas quando as borboletas se embebedam. É verdade, os sucos de frutas podres são ligeiramente alcoólicos e apenas um golinho já é demais para uma borboleta, que fica se revirando no chão.

2. A repulsiva mariposa "cabeça-de-caveira" (vista pela última vez roubando mel em colmeias) tem um sinistro desenho de crânio no tórax. Suas lagartas, igualmente horríveis, gostam de lanchar a planta venenosa beladona, o que faz com que fiquem com um gosto tão terrível que ninguém, em sã consciência, queira comê-las.

3. As lagartas de mariposa de cauda marrom também são horríveis. Seu corpo é coberto de cerdas afiadas como agulhas, que podem entrar na sua pele – o que coça uma barbaridade!

85

Você conseguiria ser uma grande borboleta azul?

A grande borboleta azul é, por incrível que pareça, uma borboleta grande e azul. É encontrada principalmente na França e na Europa Central.

Como todas as borboletas, a grande azul começa a vida num ovo, nasce como lagarta que vira crisálida e mais tarde, borboleta. Mas ela faz coisas horrivelmente esquisitas enquanto isso. Imagine que você é uma grande borboleta azul. Será que conseguiria sobreviver?

1. Você rompe a casca do ovo. Como se livra do resto da casca?

a) Come.

b) Enterra.

c) Joga numa vespa que esteja passando por ali.

2. Você vive em folhas de manjerona ou tomilho selvagem. De repente, sua planta é invadida por outra lagarta de grande borboleta azul, que começa a comer suas folhas. O que você faz?

a) Concorda em dividir a planta.

b) Come a lagarta rival.

c) Esconde-se até a outra ir embora.

3. Depois de devorar todas as folhas que conseguir e trocar de pele três vezes, você cai da planta. Enquanto passeia por aí, aparece uma formiga. O que você faz?

a) Convence a formiga a lhe fazer carinho, dando-lhe mel em compensação.

b) Agarra suas antenas e não a deixa ir embora.

c) Vira-se de costas e finge estar morta.

4. A formiga leva você para o formigueiro. Lá, o coloca numa câmara com larvas de formigas. Qual é a sua reação?

a) Faz amizade com elas.
b) Ataca a comida das formigas.
c) Come as larvas de formiga.

5. Você passa o inverno dormindo no formigueiro. Logo depois de acordar, pendura-se no teto e transforma-se em crisálida. Cerca de três semanas depois, você cai no chão e rasteja para fora daquela crisálida nojenta e úmida. Parabéns! Você é uma borboleta adulta! Mas como fugir do formigueiro?
a) Cavando um túnel para a fuga.
b) Rastejando sozinha para fora.
c) Fingindo ter morrido para que uma formiga a carregue para fora.

6. Livre, finalmente! Qual é a primeira coisa que você faz?
a) Procura algo para comer – uma formiga morta serve.
b) Procura um(a) parceiro(a) para se acasalar.
c) Seca suas asas novinhas em folha.

E, então, pode decolar para curtir sua nova vida! Aproveite, pois você só tem 15 dias para viver!

Respostas: 1 a) Nada de desperdício. **2 b) 3 a)** É verdade! As lagartas produzem uma substância parecida com o mel. **4 c) 5 b) 6 c)**.

Crenças malucas e cientistas estranhos

Durante centenas de anos ninguém sabia de onde vinham as lagartas. Assim, apareceram algumas sugestões estranhas. Veja a do escritor romano Plínio:

Mas ninguém imaginava que as lagartas tivessem alguma relação com as borboletas. Então, no século XVII, o microscópio foi inventado. Em toda a Europa, cientistas começaram a observar os detalhes nojentos dos insetos.

Um desses cientistas foi Jan Swammerdam (1637-1680), que vivia na Holanda. Ele estudou medicina na juventude, mas depois preferiu estudar insetos a humanos. Seu trabalho era muito delicado; ele usava tesouras minúsculas que precisavam ser afiadas sob o microscópio. Um dia, Jan abriu um casulo e encontrou uma gosma com pedaços de borboleta. Provou, então, que as lagartas transformavam-se em borboletas.

As pessoas, no entanto, não acreditaram nele. A introdução do seu livro sobre insetos, escrito em 1669, não ajudou muito. Swammerdam escreveu que a maneira como os insetos mudavam de forma era...

À medida que outros cientistas estudavam borboletas, descobriu-se que Jan estava certo. Surgiam os primeiros lepidopterologistas – um nome horrivelmente complicado dado às pessoas que estudam borboletas e mariposas.

Lepidopterologistas letais

Hoje em dia, os lepidopterologistas são pessoas gentis que gostam de observar e fotografar borboletas no que restou do seu habitat natural. Nem sempre foi assim.

1. No século XVIII, as senhoras da sociedade usavam asas coloridas de borboletas e mariposas como *joias*.
2. Tradicionais caçadores de borboletas corriam atrás delas com grandes redes, gritando "lá vai ela!". E, quando pegavam as infelizes, enfiavam-nas numa garrafa de veneno e, em seguida, prendiam-nas com alfinetes num quadro – *horrível*!
3. No século XIX, os caçadores colecionavam centenas de borboletas das florestas tropicais da Nova Guiné. Quando elas voavam muito alto, os caçadores disparavam armas carregadas de projéteis pequenos para fazê-las cair!
4. O colecionador inglês James Joicey gastou uma fortuna durante trinta anos pagando pessoas para caçar borboletas para ele. Em 1927, esse milionário empobreceu. Quando Joicey morreu, em 1932, sua coleção contava 1.500.000 borboletas mortas.

Seu professor é um lepidopterologista?

Descubra facilmente com este teste:

1. Como se diferenciam mariposas de borboletas?
a) Mariposas saem à noite e borboletas, de dia.
b) Mariposas descansam com as asas recolhidas. Borboletas descansam com as asas estendidas.
c) Mariposas não têm saliências nas antenas.

2. De que forma uma borboleta pequena evita ter sua cabeça arrancada por uma mordida?
a) Ela tem uma cabeça falsa.
b) Sua cabeça tem armadura.
c) Ela morde primeiro.

3. A seda vem dos casulos tecidos pela lagarta do bicho-da-seda. De acordo com a lenda, isso foi descoberto por uma imperatriz chinesa em 2640 a.C. Como ela fez a descoberta?

a) Por meio de cuidadosa observação científica.
b) Seu gato trouxe um casulo para lhe mostrar.
c) Um casulo caiu em sua xícara de chá.

4. Como se sabe que uma borboleta é velha?
a) Asas esfarrapadas.
b) Ela fica grisalha.
c) Antenas caídas.

Respostas: 1 c) Todas as outras são geralmente verdadeiras, mas nem sempre. **2 a)** Uma cabeça é falsa. Um caçador guloso pensará que arrancou a cabeça da borboleta, mas, na verdade, pegou apenas um bocado da asa. **3 c)** O líquido quente soltou os fios de seda. **4 a)** As borboletas velhas têm, na verdade, umas poucas semanas de vida. E não vivem muito mais que isso.

Aranhas estranhas

A coisa mais horrível com relação às aranhas é que você não consegue se livrar delas. Podemos ver suas teias em plantas, nos cantos da sala e no quintal. E na escola você também encontra aranhas se escondendo. Elas não são insetos, mas isso não as torna menos horríveis. Na verdade, a maioria das pessoas tem mais medo de aranhas do que de insetos. Talvez seja porque elas tenham hábitos realmente horríveis.

Arquivo assustador

NOME DA CRIATURA:	ARANHA
ENCONTRADA:	EM TODO O MUNDO, EM TERRA E EM ÁGUA DOCE.
HÁBITOS HORRÍVEIS:	PARALISA A VÍTIMA COM O VENENO DE SUAS PRESAS E SUGA OS FLUIDOS CORPORAIS.
ALGUM HÁBITO ÚTIL:	DIMINUI O NÚMERO DE INSETOS.
CARACTERÍSTICAS:	CABEÇA E TÓRAX JUNTOS; ABDOME SEPARADO; QUATRO PARES DE PERNAS ARTICULADAS; OITO OLHOS; PRODUZ SEDA; POSSUI UM ÓRGÃO INTERNO DE RESPIRAÇÃO CHAMADO PULMÕES FOLIÁCEOS.

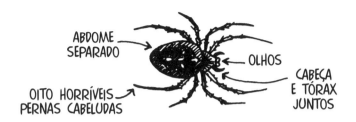

Mas as aranhas não podem ser sempre horríveis, certo? Afinal, elas cuidam de seus bebês – às vezes. A mamãe tarântula costuma carregar suas aranhinhas bebês nas costas. Ah, que lindo! Só é uma pena que a mamãe devore o papai e que os bebês comam uns aos outros. E a coisa pode ficar *realmente* horrível. Leia por sua conta e risco!

Teste de terror para professores

Vire a mesa e verifique a tolerância de seu professor ao terror:

1. Como é que as aranhas evitam ser presas em suas próprias teias?
a) Têm um truque no andar.
b) Têm pés untados e não aderentes.
c) Usam linha e roldana para subir e descer.

2. Quanto tempo vive uma aranha?
a) 6 meses.
b) 25 anos.
c) 75 anos.

3. Quando uma aranha troca de pele, de qual parte ela se livra?
a) Da pele.
b) Da frente dos olhos.
c) Do revestimento de suas vísceras e de seu órgão de respiração.

4. O que uma aranha faz com sua teia velha?
a) Usa para vestir.
b) Joga fora.
c) Come.

5. O que uma aranha-cuspidora faz?
a) Cospe um veneno que mata suas vítimas, quando elas tentam escapar.
b) Laça sua vítima com um esguicho de 10 cm de seda, que a prende ao chão.
c) Nada; ela fica parada, com aspecto sinistro.

6. Como as aranhas pequenas voam?
a) Usam a eletricidade da atmosfera.
b) Inflam seus corpos, como balõezinhos.
c) Soltam paraquedazinhos de seda.

7. Qual, de acordo com a lenda, é o melhor remédio para curar mordida de tarântula?
a) Um cafezinho.
b) Uma dança folclórica agitada.
c) Chupar o veneno.

8. Quantas aranhas são encontradas em um metro quadrado de grama?
a) 27
b) 500
c) 1.795

9. Como uma aranha aparece para tomar banho com você?
a) Ela sobe pelo encanamento do ralo, mas não consegue sair da banheira.
b) Ela cai do teto e não consegue sair da banheira.
c) Ela vem pelo encanamento das torneiras, mas não consegue sair da banheira.

Respostas: 1 b) 2 b) Tarântulas conseguem viver tudo isso. **3** Todas as alternativas estão corretas. **4 c) 5 b) 6 c)** As vezes, é um fio num laço de seda que funciona como paraquedas. **7 b)** A crença popular é que a picada de tarântula pode fazer a pessoa sair dançando feito louca; isso, na verdade, é uma doença nervosa chamada tarantismo. A mesma crença popular diz que a dança italiana "tarantella" pode curar a picada. **8 b) 9 b)** A aranha se joga lá dentro para tomar água, mas, como as paredes da banheira são muito escorregadias, ela não consegue sair.

Arquivo assustador sobre aranhas

Então, seus professores têm medo de aranhas? Veja algumas boas razões para eles terem medo.

A aranha que come pássaros – a terrível tarântula

DESCRIÇÃO: GRANDE. PODE CHEGAR A 25 CM, INCLUINDO AS PERNAS.
LUGAR ONDE VIVE: AMÉRICA DO SUL.
CARACTERÍSTICA TERRÍVEL: ASSUSTADORA-MENTE PELUDA.
ESTADO CIVIL: SOLTEIRA.
HÁBITO HORRÍVEL: COME PÁSSAROS E SAPOS.
A NOTÍCIA RUIM: SUA MORDIDA É DOLOROSA.
A NOTÍCIA PIOR: SEUS PELOS PODEM CAUSAR URTICÁRIA (COCEI-RA TERRÍVEL, COM SURGIMENTO DE PLACAS VERMELHAS NA PELE).
A NOTÍCIA ABSOLUTAMENTE ASSUSTADORA: ALGUMAS PESSOAS TÊM TARÂNTULAS DE ESTIMAÇÃO.

A viúva-negra

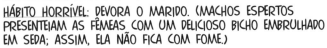

DESCRIÇÃO: CORPO COM 2,5 CM DE COMPRIMENTO; NEGRA E COM UMA SINISTRA MARCA VERMELHA NA PARTE DE BAIXO.

LUGAR ONDE VIVE: SUL DOS ESTADOS UNIDOS.

CARACTERÍSTICA TERRÍVEL: É A ARANHA MAIS VENENOSA QUE EXISTE.

ESTADO CIVIL: PROVAVELMENTE VIÚVA.

HÁBITO HORRÍVEL: DEVORA O MARIDO. (MACHOS ESPERTOS PRESENTEIAM AS FÊMEAS COM UM DELICIOSO BICHO EMBRULHADO EM SEDA; ASSIM, ELA NÃO FICA COM FOME.)

CARACTERÍSTICAS ATENUANTES: RARAMENTE PICA AS PESSOAS. É UMA ARANHA TÍMIDA QUE NÃO GOSTA DE LUTAR E SÓ MORDE SE VOCÊ TOPAR COM ELA POR ACASO.

A NOTÍCIA RUIM: ELA SE ESCONDE EM LUGARES ONDE VOCÊ TOPA COM ELA POR ACASO.

A NOTÍCIA PIOR: ESCONDE-SE NOS ASSENTOS SANITÁRIOS.

A NOTÍCIA ABSOLUTAMENTE ASSUSTADORA: SEU VENENO É TERRIVELMENTE MORTAL. DIZEM QUE É 15 VEZES MAIS MORTAL QUE O DA COBRA CASCAVEL.

A aranha armadeira

DESCRIÇÃO: 12 CM DE ENVERGADURA (INCLUINDO AS PERNAS CABELUDAS).

LUGAR ONDE VIVE: BRASIL.

CARACTERÍSTICA TERRÍVEL: ACREDITA-SE QUE SEJA A ARANHA MAIS PERIGOSA EM TODO O MUNDO.

ESTADO CIVIL: NINGUÉM OUSOU PERGUNTAR.

HÁBITOS HORRÍVEIS: ENTRA NAS CASAS SEM NINGUÉM CONVIDAR. ANDA POR AÍ MORDENDO AS PESSOAS.

CARACTERÍSTICA ATENUANTE: MANTÉM SUA CASA LIVRE DE INSETOS E OUTROS BICHOS NOJENTOS.
A NOTÍCIA RUIM: SUA MORDIDA É VENENOSA.
A NOTÍCIA PIOR: PERSONALIDADE TERRÍVEL. ADORA BRIGAR E ASSUSTAR AS PESSOAS. QUANDO PERTURBADA, MORDE PRIMEIRO E PERGUNTA DEPOIS.
A NOTÍCIA ABSOLUTAMENTE ASSUSTADORA: ESCONDE-SE NAS ROUPAS E CALÇADOS DAS PESSOAS. EMBORA O ANTÍDOTO EXISTA, SEU VENENO PODE MATAR.

Estranhas crenças e cientistas ainda mais estranhos

Alguns especialistas em aranhas tiveram ideias estranhas, e outros se envolveram em experiências ainda mais assustadoras. A ciência que estuda aranhas, a aracnologia, começou com os gregos. O escritor grego Filostrato tinha algumas ideias malucas a respeito das aranhas. Ele imaginava que elas produzissem seda para se aquecer. Bela tentativa. Mas... veja, os romanos não se saíram muito melhor. De acordo com Plínio, as aranhas surgiam de sementes que cresciam em material em putrefação.

Mouffet maluco. Patience Mouffet era a infeliz filha de um estranho especialista em aranhas do século XVI, dr. Thomas Mouffet. Por que infeliz? Bem, esse pai costumava tratar os resfriados da filha fazendo-a comer aranhas vivas. E o lanchinho da moça consistia em torrada com purê de aranhas.

Bravo Baerg. O dr. W. J. Baerg, dos Estados Unidos, realizou algumas experiências estranhas com o intuito de descobrir exatamente o quão mortal uma mordida de aranha venenosa poderia ser. Em 1922, ele deliberadamente se deixou morder por uma venenosa viúva-negra! O primeiro teste fracassou, pois a aranha não mordia. Então, o

dr. Baerg tentou novamente e, dessa vez, ficou maravilhado por receber uma mordidinha. Quando saiu do hospital, três dias depois, o aracnologista lembrou-se de que sentira uma dor insuportável. Agora, uma surpresa.

Em 1958, o dr. Baerg ainda estava em atividade. Dessa vez, ele decidiu testar as mordidas de aranha em ratos de laboratório e porquinhos-da-índia, em vez de nele mesmo. O intrépido investigador, porém, não escapou. Ele teve um acidente infeliz com uma tarântula de Trinidad e Tobago. Baerg estava preparando a malvada para morder um rato branco quando foi mordido no dedo (pela aranha, não pelo rato). Felizmente, o pesquisador descobriu que o veneno não o tinha afetado. Então, ele se deixou morder por uma tarântula do Panamá e ficou com o dedo rígido. Assim, o bravo dr. Baerg concluiu que mordidas de tarântulas não eram assim tão perigosas!

Você conseguiria ser um aracnologista?

Você pode prever o resultado desta estranha experiência com aranhas?

Em 1948, o professor Hans Peters percebeu que as aranhas do jardim sempre teciam suas teias às 4 horas da manhã. Então, ele deu cafeína (a substância no café que desperta as pessoas) para algumas aranhas e remédio para dormir a outras, para ver o que acontecia. O que você acha que ele descobriu?

a) As aranhas foram afetadas como nós. Aquelas estimuladas por cafeína acordaram à 1h30 da madrugada e trabalharam toda a noite, enquanto as outras dormiram até as 10h35 da manhã.

b) As aranhas são completamente diferentes dos humanos. Aquelas estimuladas por cafeína foram dormir, e as outras trabalharam mais do que nunca.

c) A necessidade de tecer as teias foi mais forte do que qualquer droga. As aranhas fizeram teias de aparência esquisita, mas começaram o trabalho às 4 da manhã.

ÓTIMO! OUTRA PAUSA PARA O CAFÉ.

Resposta: c)

Aposto que você não sabia!

As aranhas já fizeram teias no espaço. Em 28 de julho de 1973, as aranhas de jardim Arabella e Anita corajosamente se lançaram no espaço numa visita à estação espacial Skylab. Sua missão: uma experiência para descobrir se poderiam tecer teias em gravidade zero. Os primeiros esforços não deram certo. Elas não estavam acostumadas a flutuar, sem peso. Suas tentativas posteriores deram melhores resultados, embora a pobre Anita tenha morrido em órbita.

Teias tenebrosas

As aranhas produzem seda ao tecer suas teias, que servem para aprisionar moscas e outras criaturas azaradas. Quanto mais se aprende sobre as teias, mais tenebrosas elas parecem. Veja só!

1. Para fazer uma teia, as aranhas precisam produzir diferentes tipos de seda:
- Seda seca com espessura de um milésimo de milímetro para os raios da teia.
- Seda elástica coberta com gotículas grudentas para o resto. As partes pegajosas captam umidade para evitar que a teia se resseque.
- Outros tipos de seda para embrulhar ovos e insetos mortos.

2. Existem vários formatos e tamanhos de teias. Você já viu alguma destas?

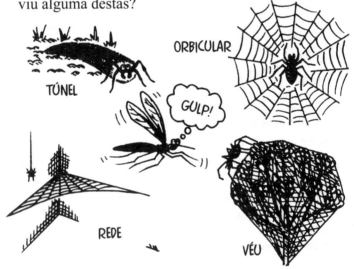

3. A aranha doméstica faz teias em formato de rede. Ela cospe pedaços de insetos e folhas e deixa os pedaços por aí, esperando que alguém limpe a bagunça – que hábito horrível!

4. Um tipo de aranha tece uma teia com alçapão na extremidade. Ela fica esperando lá dentro. Quando passa um inseto desavisado, a aranha o puxa para dentro, fecha o alçapão e a vítima nunca mais é vista.

5. A aranha da teia em forma de bolsa espeta suas vítimas por meio da teia com longas presas venenosas. Mas, antes de jantar, ela conserta essa teia.

6. A sinistra *nefilia* tece teias gigantes, de até dois metros de diâmetro, para pegar insetos e alguns pássaros. Nem os peixes estão a salvo. No começo do século XX, os habitantes da Nova Guiné usavam essas teias para pescar!

7. A aranha-atiradora-de-teias joga sua teia sobre os insetos que passam por seu esconderijo. Então, ela aparece para devorar seu lanchinho.

8. Quando um inseto fica preso na teia, ele se debate, e suas vibrações alertam a aranha. Mas existe uma aranha sorrateira que consegue se esgueirar para as teias de suas inimigas e morder as outras aranhas antes mesmo de elas perceberem que têm visita. Então, a malvada suga sua vítima até deixá-la seca e foge, deixando na teia uma carcaça de aranha vazia.

9. Em alguns lugares da Califórnia, teias de aranha caem como neve. Os flocos são feitos de várias teias sopradas pelo vento.

Aposto que você não sabia!

É possível recolher e tecer a seda de aranha. Em 1709, Xavier Saint-Hilaire Bon, de Montpellier, mostrou à Academia Francesa diversos pares de luvas feitos de seda de aranha. Mas, de acordo com um cientista que investigou o assunto, são necessárias 27.648 aranhas fêmeas para produzir menos de meio quilo de seda. Isso não fez com que as pessoas parassem de cobiçar a seda das aranhas. No início da década de 1990, o Ministério da Defesa dos EUA começou a investigar a possibilidade de produzir coletes à prova de bala, já que a seda é leve, forte e muito elástica.

Agora, você sabe tudo sobre elas.

Você teria coragem de fazer amizade... com uma aranha?

Para evitar o trabalho de produzir sua própria seda, peça a uma aranha que a faça para você.

1. Corte uma garrafa plástica pela metade.
2. Coloque terra e galhos na metade inferior.
3. Agora, encontre sua aranha. Despensas e quartos de despejo são bons lugares para se procurar. Encontrando a teia, a aranha provavelmente está por perto. Basta uma aranha na garrafa. Se você colocar duas, uma vai comer a outra! Tenha cuidado, as aranhas se machucam com facilidade.
4. Cole, com fita adesiva, as duas metades da garrafa.
5. Alimente sua amiguinha com uma mosca, introduzida pelo gargalo da garrafa.
6. Veja se ela já produziu a seda ou se fez uma teia. Em caso positivo, tente tricotar um belo par de luvas de seda de aranha.

Bichos que picam

Para nós, humanos, uma das coisas mais horríveis a respeito dos insetos é a forma como eles nos picam, chupando sangue e, às vezes, nos transmitindo doenças terríveis. Talvez seja por isso que as pessoas chamam de "praga" uma multidão de insetos. Pragas são doenças mortais. Nos últimos 10 mil anos, mais gente morreu de doenças provocadas por insetos do que por qualquer outra causa.

Galeria dos criminosos

Eis os principais culpados.

Mosquito da malária

SEXO: FEMININO.

HÁBITOS: CHUPA SANGUE ANTES DE BOTAR SEUS OVOS, ENQUANTO O SR. MOSQUITO PREFERE SEIVA VEGETAL.

ARMAS: UM BICO COMPRIDO PARA ENFIAR NAS PESSOAS E UMA SUBSTÂNCIA QUE IMPEDE A COAGULAÇÃO DE SEU SANGUE.

LOCAIS ONDE FOI VISTO: EM TODO O MUNDO, FREQUENTEMENTE PERTO DE ÁGUA.

CRIMES CONHECIDOS: EM PAÍSES QUENTES, SUA PICADA TRANSMITE GERMES QUE CAUSAM A MALÁRIA. AS VÍTIMAS SOFREM DE FEBRE INTENSA, SENTINDO MUITO CALOR E, DEPOIS, MUITO FRIO. É RESPONSÁVEL POR 1 MILHÃO DE MORTES POR ANO. ÀS VEZES, TAMBÉM TRANSMITE FEBRE AMARELA.

GRAU DE PERIGO: CUIDADO! 2 BILHÕES DE PESSOAS VIVEM EM ÁREAS AMEAÇADAS POR ESSE VIOLENTO CHUPADOR DE SANGUE.

Piolho (de corpo)

DESCRIÇÃO: DE 1,5 A 3,5 MM DE COMPRIMENTO. NÃO TEM ASAS.
ARMA: TUBO PARA SUGAR SANGUE.
HÁBITO: SUGA SANGUE.
LOCAIS ONDE FOI VISTO: ESCONDIDO EM COSTURAS DE ROUPAS.
CRIMES CONHECIDOS: SEUS EXCREMENTOS REPULSIVOS PODEM CONTER GERMES QUE CAUSAM TIFO, UMA DOENÇA MORTAL. O PIOLHO ARRANHA A PELE HUMANA COM SEUS PÉS, DEIXANDO OS GERMES ENTRAR.
GRAU DE PERIGO: INSPIRA CUIDADO, MAS NADA QUE UM BOM BANHO E ROUPAS LIMPAS NÃO RESOLVAM.
CÚMPLICES CONHECIDOS: PIOLHO-DA-CABEÇA, QUE VIVE NO CABELO. GOSTAM DE CABELOS LIMPOS E PULAM, FELIZES, DE CABEÇA EM CABEÇA. (SIM, CABEÇAS DE PROFESSORES TAMBÉM PODEM PEGAR PIOLHO.)

Mosca tsé-tsé

HÁBITOS: CHUPA SANGUE. CONHECIDA POR BEBER ATÉ TRÊS VEZES SEU PRÓPRIO PESO DE UMA ÚNICA VEZ. GOSTA DE DESAFIOS – POR EXEMPLO, PICAR ATRAVÉS DA PELE DE UM RINOCERONTE.
LOCAIS EM QUE FOI VISTA: VÁRIAS PARTES DA ÁFRICA.
CRIMES CONHECIDOS: SUA PICADA PASSA GERMES QUE PROVOCAM A DOENÇA DO SONO. ESSA DOENÇA CAUSA FEBRE, CANSAÇO E MORTE.
GRAU DE PERIGO: NA ÁFRICA, 50 MILHÕES DE PESSOAS ESTÃO EM PERIGO, ALÉM DE INCONTÁVEIS BOIS, CAMELOS, MULAS, CAVALOS, ASNOS, PORCOS, CABRAS, OVELHAS ETC.

Barbeiro

LOCAIS EM QUE FOI VISTO: AMÉRICA DO SUL.
HÁBITOS: APROXIMA-SE DE VOCÊ DURANTE A NOITE, QUANDO ENFIA SEU BICO PONTUDO. CHUPA SEU SANGUE E FOGE ANTES QUE VOCÊ O MATE.
CRIMES CONHECIDOS: ESPALHA A DOENÇA DE CHAGAS, QUE PROVOCA FEBRE ALTA E PROLONGADA, INCHAÇO DE VÁRIOS ÓRGÃOS – INCLUINDO O CORAÇÃO –; NORMALMENTE, É FATAL. HÁ CERCA DE 12 MILHÕES DE PESSOAS CONTAMINADAS NO MUNDO (6 MILHÕES SÃO BRASILEIRAS).

Foram necessários muitos anos de longa pesquisa para descobrir quais os culpados por essas terríveis doenças e decidir o que fazer com eles.

Solucionado o mistério da malária

No século XIX, o cientista escocês Patrick Manson descobriu como os pernilongos transmitem a malária. Veja como ele fez.

O enigma da peste

Algumas doenças eram até mais intrigantes do que a malária. Será que você consegue organizar as terríveis pistas e desvendar as causas da mortal peste bubônica?

1346 Ela veio do Oriente; nos seis anos seguintes, 25 milhões de pessoas morreram. Cadáveres acumularam-se nos campos e nas cidades. Um monge irlandês escreveu revelando seu receio de que toda a população da Europa morresse. As pessoas viviam aterrorizadas pela PESTE NEGRA.

1855 A peste devastou a China. Em 1894, chegou aos portos chineses, e em Hong Kong a morte cobrou seu imposto. O porto estava lotado de navios a vapor, que levaram a doença para o Japão, a Austrália, a África do Sul e as Américas. A peste chegou à Índia e matou 6 milhões de pessoas em dez anos.

1898 Em Bombaim, o dr. Paul-Louis Simond, do Instituto Pasteur, estava preocupado. O destemido médico francês fora enviado à Índia para descobrir a causa da peste. Dia e noite ele se debateu com o mesmo enigma diabólico. Na cidade devastada, milhares de pessoas morriam. Todas desenvolviam inchaço do tamanho de um punho, nas axilas, seguido de febre e morte. Mas como e por quê?

Dia após dia, Simond percorria as ruas tenebrosas à procura de uma resposta. Ele reparou que em toda a parte se viam ratos mortos – 75 numa única casa. Era extremamente incomum encontrar tantos ratos mortos em apenas um lugar.

Eles deviam ter morrido muito rapidamente, mas o que os tinha matado? E por que parecia que os humanos que entravam em contato com os ratos contraíam a peste? Parecia, também, que esses ratos contaminados com a peste tinham mais pulgas que os ratos saudáveis. E as pulgas também picavam as pessoas.

A chuva de monção castigava o exterior do laboratório improvisado numa tenda. Dentro, Simond arriscava sua própria saúde ao dissecar ratos mortos. Então, ele fez uma descoberta dramática. No sangue dos ratos, encontrou os germes que causavam a peste.

Mas qual seria a cruel ligação entre ratos, pulgas e humanos? Finalmente, ele encontrou a resposta. O intrépido cientista resolveu o mistério mais aterrorizante de todos os tempos. Naquela noite, feliz da vida, ele descreveu a descoberta em seu diário.

Mas, afinal, que ligação crucial era essa?

a) A pulga pica o rato e lhe transmite a peste. O rato morde uma pessoa e lhe transmite a peste.

b) A pulga pega a peste ao picar o rato infectado. A pulga pica uma pessoa e lhe transmite a peste.

c) A pessoa pega a peste através de uma picada de pulga. Enlouquecida pela peste, a pessoa morde um rato e lhe transmite a doença.

> **Resposta:**
> b) Os micróbios se multiplicam nas vísceras da pulga até ela não conseguir mais se alimentar. A pulga faminta pica uma pessoa e lhe injeta milhões de germes.

Embora Simond tivesse encontrado a resposta, demorou vinte anos até que os outros cientistas aceitassem a sua teoria. E apenas em 1914 os efeitos da peste nas pulgas foram completamente compreendidos. Vacinas contra a peste já estavam sendo desenvolvidas juntamente com inseticidas e veneno para rato, reduzindo, assim, o perigo de epidemias de peste no futuro.

Cuidado com os bichos

Esperamos que você nunca pegue uma doença terrível transmitida por algum bicho feio, embora seja difícil não ser picado. Eis alguns locais perigosos.

1. **Cama.** Durante o dia, horrorosos percevejos se escondem em frestas da parede e do assoalho. Então, na calada da noite, saem para um banquete de sangue.

2. **Margens de rios.** Borrachudos e pernilongos lançam ataques ao amanhecer e ao anoitecer.

3. **Gramados e pastos.** Carrapatos podem se esconder no mato alto. Eles preferem almoçar cachorros, mas se não houver nenhum por perto podem se contentar com você.

4. **Pântanos e brejos.** Milhões de mosquitos-pólvora voam à procura de sangue para o café da manhã. São muito pequenos para ser vistos claramente. E é impossível ver suas asas, porque elas batem a impressionantes 62.760 batidas por minuto. Bem, talvez seja difícil vê-los, mas senti-los é dolorosamente fácil.

Algumas proteções que você não deve tentar

1. Armadilha para mosca tsé-tsé nº 1

PROTEÇÃO: ARRUME UM TOURO DE ESTIMAÇÃO.
EXPLICAÇÃO: CIENTISTAS DESCOBRIRAM QUE A TERRÍVEL TSÉ-TSÉ É ATRAÍDA PELO BAFO MALCHEIROSO DO TOURO. NO ZIMBÁBUE, SUBSTÂNCIAS QUÍMICAS DE CHEIRO SEMELHANTE FORAM USADAS PARA ATRAIR MILHARES DE TSÉ-TSÉ PARA ARMADILHAS COM TECIDOS ENVENENADOS.
DESVANTAGENS: BAFO MALCHEIROSO DE TOURO; TER DE ALIMENTAR SEU TOURO; TER DE LEVÁ-LO PARA A ESCOLA COM VOCÊ.

2. Armadilha para mosca tsé-tsé nº 2

PROTEÇÃO: PONHA MANDIOCA PARA FERMENTAR.
EXPLICAÇÃO: NO ZAIRE, AS PESSOAS FAZEM CERVEJA A PARTIR DA MANDIOCA. A MISTURA NOJENTA PRODUZ DIÓXIDO DE CARBONO, QUE ATRAI AS MOSCAS E AS LEVA PARA A DESTRUIÇÃO.
DESVANTAGEM: OS OUTROS PODEM COMEÇAR A BEBER SUA CERVEJA, O QUE VAI CRIAR SITUAÇÕES EMBARAÇOSAS, PRINCIPALMENTE NA ESCOLA.

3. Inimigos de percevejos

PROTEÇÃO: SOLTE UM EXÉRCITO DE FORMIGAS-FARAÓ EM SEU QUARTO.
EXPLICAÇÃO: FORMIGAS-FARAÓ COMEM PERCEVEJOS.
DESVANTAGENS: COMO SE LIVRAR DAS FORMIGAS-FARAÓ? TENTE PASSAR GELEIA NA COLCHA OU, ENTÃO, ARRUME UM TAMANDUÁ.

4. Churrasco de mosquitos

PROTEÇÃO: ACENDA UMA FOGUEIRA BEM FUMACENTA.
EXPLICAÇÃO: PERNILONGOS NÃO GOSTAM DE FUMAÇA.
DESVANTAGEM: NÃO É UMA COISA MUITO INTELIGENTE DE FAZER, PRINCIPALMENTE DENTRO DE CASA OU NA ESCOLA.

5. Armadilha para pulgas

PROTEÇÃO: USE ÁCAROS DE PULGAS PARA COMBATER AS PULGAS.
EXPLICAÇÃO: ÁCAROS MINÚSCULOS INFESTAM AS PULGAS DO MESMO JEITO QUE ELAS INFESTAM AS PESSOAS. TUDO O QUE VOCÊ PRECISA FAZER É CAPTURAR UMA PULGA E COLOCAR ALGUNS ÁCAROS NELA. (VOCÊ VAI PRECISAR DE MICROSCÓPIO E MÃO FIRME PARA ISSO.)
DESVANTAGEM: NÃO ELIMINA AS PULGAS, MAS LHES DÁ UM GOSTINHO DE SEU PRÓPRIO REMÉDIO.

6. Veneno contra pragas

PROTEÇÃO: PULVERIZE OS BICHOS COM DDT.
EXPLICAÇÃO: NA DÉCADA DE 1940, ESSE INSETICIDA FOI USADO PARA LIVRAR O SUL DOS EUA E PARTES DA ÁFRICA E DA AMÉRICA DO SUL DOS PERNILONGOS DA MALÁRIA.
DESVANTAGENS: JÁ EM 1950, DOIS TIPOS DE MOSQUITOS ESTAVAM IMUNES AO PODEROSO VENENO. PIOR AINDA, O DDT PREJUDICAVA OS ANIMAIS QUE SE ALIMENTAVAM DE MOSQUITOS E OS OUTROS ANIMAIS DA CADEIA ALIMENTAR (OU SEJA, AQUELES QUE COMIAM OS "COMEDORES" DE MOSQUITOS). OBSERVAÇÃO: O DDT ESTÁ PROIBIDO EM DEZENAS DE PAÍSES, INCLUSIVE NO BRASIL, MAS MILHÕES DE REAIS SÃO GASTOS TODOS OS ANOS NA PESQUISA DE NOVOS TIPOS DE INSETICIDA.

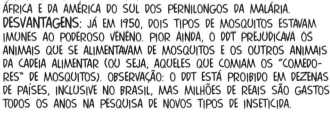

Uma proteção que você pode tentar

Certos óleos aromáticos à base de plantas afastam os insetos. É possível comprar óleos ou velas feitas com esses óleos em casas de produtos naturais e até mesmo em supermercados. Você pode experimentar o óleo de citronela numa noite quente de verão...

1. Pingue algumas gotas do óleo num pedaço de pano úmido.
2. Coloque o pano num lugar quente, dentro de casa.
3. Quando o ar estiver impregnado do aroma, abra a janela e desafie os pernilongos a entrar!

Aposto que você não sabia!

Os próprios bichos nojentos inventaram o inseticida. As bolinhas de naftalina originais eram feitas de uma substância chamada cânfora, extraída de árvores. Muito antes de os humanos descobrirem a cânfora, os bichos assassinos se alimentavam da planta da cânfora e produziam bolhas dessa substância. Eles põem seus ovos dentro dessas bolhas, cujo odor afasta os predadores.

Disfarces e outros truques

Como se escapar de aranhas, peixes, lagartos, sapos, pequenos mamíferos e mesmo dos horríveis humanos não fosse suficiente, os insetos parecem passar a maior parte do tempo brincando de esconde-esconde uns com os outros. E eles não fazem isso apenas por diversão. Os insetos têm de comer, afinal, além de não querer ser comidos. Assim, usam alguns truques muito espertos para se dar bem com seus horrorosos inimigos.

> **Aposto que você não sabia!**
>
> Um caçador terrível, o louva-a-deus tem esse nome porque parece estar rezando. Ele mantém as patas dianteiras juntas, enquanto espera um lanchinho passar por perto. Essas patas têm a borda serrilhada (como se fosse uma serra). O louva-a-deus agarra e espeta o bicho que vai almoçar em um vigésimo de segundo; depois, arranca-lhe a cabeça com uma mordida!

Sobrevivência

Se você fosse um inseto, conseguiria se manter vivo? Experimente nosso curso relâmpago de sobrevivência e veja o resultado:

Tática número 1: finja que é outra coisa

Você está obviamente em vantagem, caso se pareça com outra coisa; alguns insetos são assim. Quais desses objetos poderiam ser insetos?
a) Uma folha.
b) Uma embalagem de doce.
c) Um galho.

d) Um pedaço de pau.
e) Um espinho.
f) Fezes de passarinho.

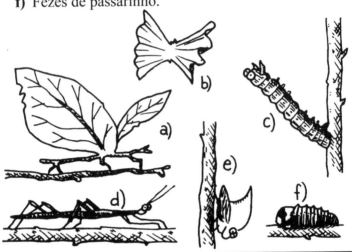

Todos, exceto **b**) poderiam ser insetos. Veja só: **a**) é um inseto-folha japonês, **c**) é uma lagarta de mariposa rabo-de-andorinha europeia, **d**) é claro, é um inseto-pau, **e**) é um gafanhoto espinho-de-roseira, **f**) é uma lagarta de borboleta.

Tática número 2: misture-se com o ambiente

Pareça-se com o ambiente, fique parado e o caçador não verá você. A borboleta de asas claras, por exemplo, é quase invisível. Ela tem asas transparentes, o que faz com que seja praticamente impossível vê-la. Mas você poderia ser um bicho sem tanta sorte. Você poderia ser uma pobre mariposa azarada...

Os problemas da mariposa sem sorte

A mariposa clara manchada gosta de ficar em árvores claras e manchadas. Maravilha, nenhum caçador conseguia vê-la. Então, vieram as indústrias e a poluição; todas as árvores escureceram.

ANTES **DEPOIS**

De repente, as mariposas destacavam-se terrivelmente. Os pássaros fizeram um banquete, devorando milhões de mariposas claras.

Já as mariposas escuras sofriam tentando não ser vistas naquelas árvores claras e manchadas. De repente, o ambiente poluído ficou bom para elas, pois podiam se esconder nas árvores escuras. Pelo menos até que as cidades começassem a ser despoluídas, e as árvores ficassem claras novamente!

Tática número 3: blefes brilhantes

Use um disfarce que faça você parecer perigoso(a).

1. A maioria das borboletas é pequena e inofensiva – prato ideal para o jantar de um bicho nojento. Quer dizer, seria, se não estivesse muito bem disfarçada de vespa! Mariposas de asas claras fazem o mesmo truque, mas são ainda melhores, pois produzem os efeitos sonoros também!
2. As joaninhas têm um sabor horrível. Por outro lado, escaravelhos-do-fungo são bem gostosos (para outros insetos, é claro). É por isso que os escaravelhos-do-fungo andam por aí fingindo ser joaninhas.
3. Algumas borboletas disfarçam-se de outras borboletas. Em alguns países da América do Sul, há quatro variedades de borboletas que são estranhamente parecidas. Somente uma delas tem o gosto ruim; as outras três são meras cópias.

4. Outra grande ilusionista é a lagarta marandová. Sua cabeça é bem normal, para uma lagarta, mas sua extremidade traseira se parece com uma cabeça de cobra!

Tome cuidado com os disfarces...

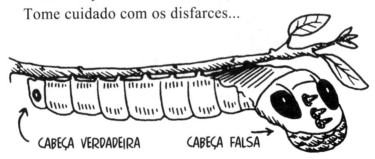

5. Existe um grilo africano muito esperto, que se parece com uma folha morta. Só tem um probleminha. Há um sapo que também se parece com uma folha morta e adora grilos no café da manhã.

6. O melhor disfarce de todos só pode ser o da lagarta da mariposa-gato. Dê uma olhada nessa cara feia! Que tal encontrar uma dessas numa noite escura e chuvosa? O melhor a fazer é evitar esse gatinho cruel, pois ele pode cuspir seu jantar meio digerido misturado a um ácido horrível.

Tática número 4: esconderijos hediondos

Um modo de evitar ser comido é se esconder em algum lugar horrível. Dessa forma, ninguém poderia (nem gostaria de) encontrá-lo!

Por exemplo, a lagarta da mariposa-pluma se esconde na planta droserácea. Essa planta *come* insetos voadores, mas a lagarta fica a salvo dentro dela. E, ainda, bebe gotas da seiva da droserácea e aproveita as sobras do seu jantar de insetos.

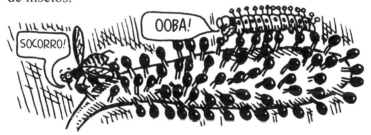

A cigarrinha-escumosa se esconde dentro de uma massa de espuma, que se parece bastante com a espuma de banho, mas é a cigarrinha mesmo que a faz. A espuma evita que ela resseque ao sol, além de ter um sabor horroroso, que afugenta os possíveis caçadores.

Você teria coragem de fazer amizade com uma... cigarrinha-escumosa?

1. Procure gotas da espuma na grama alta, no começo da primavera.

2. Com cuidado, afaste a espuma e verá um insetinho esverdeado tentando se esconder.
3. Observe como as bolhas surgem na extremidade do corpo dela, que tenta se cobrir novamente. A cigarrinha chupa a seiva da planta e a mistura com sua própria substância natural para fazer a espuma.

Tudo bem, talvez a cigarrinha-escumosa não queira ser sua amiga, mas você tem de admitir que é um disfarce e tanto.

Bichos nojentos contra humanos horríveis

Desde o dia em que um homem ou uma mulher das cavernas esmagou pela primeira vez uma barata, a guerra entre bichos nojentos e humanos nunca mais foi interrompida. É a maior guerra que o mundo já viu.

Você pode achar que os humanos estão em vantagem contra os insetos. Um humano é muito maior que o maior inseto. Assim, podemos facilmente esmagá-lo. Humanos são mais inteligentes (bem, a *maioria* é!). Mas, se você avaliar o que humanos e insetos conseguem fazer levando em conta o tamanho deles, a coisa muda de figura.

Olimpíadas dos bichos nojentos

Corrida. *Vencedor:* uma espécie de barata pode correr 50 vezes o comprimento de seu corpo em um segundo. *Perdedor:* o humano, que consegue percorrer mais rapidamente a distância equivalente a 50 vezes seu corpo (cerca de 80 metros), é dez vezes mais lento.

Salto em altura. *Vencedor:* pulgas conseguem pular até 30 cm – 130 vezes sua própria altura. *Perdedor:* para igualar essa marca, um humano teria de pular até 250 metros!

Salto em distância. *Vencedor:* uma aranha pode saltar 40 vezes o comprimento do seu corpo. *Finalista:* gafanhotos pulam até 20 vezes o comprimento do corpo. *Perdedor:* para igualar tal marca, um humano teria de pular uma distância equivalente a oito ônibus!

Levantamento de peso. *Vencedor:* um besouro escaravelho consegue erguer pesos 850 vezes mais pesados que seu corpo. *Perdedor:* para igualar essa marca, um humano de 70 kg teria de levantar cerca de sessenta carros populares ao mesmo tempo!

Caminhada no teto. *Vencedor:* moscas. *Perdedor:* humanos não conseguem fazer isso de jeito nenhum.

É claro que nós, humanos, somos melhores em algumas coisas. Construção, por exemplo. Quero dizer, veja as pirâmides, o Taj Mahal e a Usina de Itaipu. Os bichos nojentos não conseguem nos igualar nisso... ou conseguem?

Aposto que você não sabia!

Cupins constroem colônias gigantescas. Uma delas possuía 11.750 toneladas de terra. Os cupins a construíram grão por grão, colando-as com cuspe! Igualem essa marca, humanos!

Mas quais são as criaturas mais sujas, gananciosas e destrutivas de todo o planeta: bichos nojentos ou humanos horríveis? Você pode ter dificuldade em acertar a resposta.

Moscas mórbidas

Elas nunca desistem. Não importa quantas vezes você as ponha para fora, elas sempre voltam.

XÔ!

1. As moscas-varejeiras adoram comer carne putrefata e excrementos de animais. Elas põem ovos em carne putrefata e fazem coisas terríveis no seu franguinho de domingo.

FRANGO ASSADO – QUASE TÃO GOSTOSO QUANTO FEZES DE FRANGO!

2. A mosca doméstica tem modos nada domésticos à mesa. Ela aparece no seu jantar sem ser convidada, vomita sua própria comida e é conhecida por oferecer uma seleção de mais de 30 doenças mortais.

Humanos horríveis

Os humanos também são muito persistentes. Quando decidem fazer algo, vão até o fim, mesmo que isso custe "mundos e fundos". Ou, pelo menos o mundo, literalmente.

1. Os humanos são os únicos animais que deliberadamente destroem o ambiente em que vivem. A cada segundo, eles devastam um hectare de florestas, pradarias ou charcos para construir algo para si próprios. A cada ano, os humanos queimam uma área de floresta tropical do tamanho do Estado de Roraima.
2. Os humanos também poluem o mundo com lixo e substâncias perigosas. Todos os dias jogam 26 bilhões de toneladas de porcaria no mar.
3. Os seres humanos são matadores. A cada hora do dia, a destruição e a poluição promovidas por eles eliminam toda uma espécie de planta ou animal.

Os horríveis humanos contra-atacam

Dia após dia, os humanos usam todas as armas disponíveis em sua guerra contra os insetos. Mas eles também descobriram usos surpreendentemente horríveis para os insetos e para outros bichos nojentos.

Receitas revoltantes

Quando você não consegue se livrar dos bichos nojentos, pode comê-los. É o que fazem milhões de pessoas aparentemente sadias em todo o mundo. Você gostaria de experimentar algum dos pratos abaixo?

Entradas

Cupins fritos e salgados
DELÍCIA AFRICANA. TEM O SABOR DE PURURUCA DE PORCO, AMENDOINS E BATATAS FRITAS, TUDO MISTURADO!

"Escargots"
TRADICIONAL IGUARIA FRANCESA (CONHECIDA COMO LESMA, POR AQUI). ALIMENTAM-SE DE ALFACE. OS ESCARGOTS SÃO COZIDOS COM ALHO, MANTEIGA, CEBOLA, SAL, PIMENTA E SUCO DE LIMÃO E SERVIDOS COM SALSINHA. *BON APPETIT!*

Larvas fritas
IGUARIA NATIVA DA AUSTRÁLIA. SÃO LARVAS DE MARIPOSA GIGANTE DA CASCA DAS ÁRVORES. PARECEM MACARRÃO DO TIPO FUSILI E INCHAM QUANDO FRITAS. DELÍCIA!

Pratos

Pupas de bicho-da-seda
ESSE TRADICIONAL E SABOROSO PRATO CHINÊS É PREPARADO COM ALHO, GENGIBRE, PIMENTA E MOLHO DE SOJA. TEM MARAVILHOSO SABOR DE MANJAR DE NOZES. VOCÊ DEVE CUSPIR AS CASCAS. MUITO BOM PARA HIPERTENSÃO ARTERIAL.

Besouro da madeira assado
DELICIOSAMENTE CROCANTE, COM SABOR DE MADEIRA BALSA. PREPARADO IDÊNTICO AO DOS NATIVOS DA AMÉRICA DO SUL.

Gafanhoto marroquino frito
CORPOS DE INSETOS COZIDOS COM PIMENTA, SAL E SALSINHA PICADA, DEPOIS FRITOS COM UM POUCO DE VINAGRE. PODE-SE TAMBÉM COMÊ-LOS CRUS.

Tarântula de perna azul
PRATO POPULAR À BASE DE ARANHA NO LAOS, SUDESTE ASIÁTICO. ASSADO E SERVIDO COM SAL OU PIMENTA. SABOR SIMILAR AO DO TUTANO DE FRANGO.

Sobremesas

Formigas de mel mexicanas
IGUARIA DOCE E GRUDENTA.

Larvas assadas de abelha e vespa
ANTIGA RECEITA DE SOMERSET, INGLATERRA. LARVAS SUCULENTAS ASSADAS EM FAVOS DE MEL.

Após a refeição
USE UM PALITO DE DENTE FEITO DE PRESA DE TARÂNTULA, DA MESMA FORMA QUE A TRIBO DOS PIAROA, NA VENEZUELA.

Bichos nojentos contra humanos horríveis: o debate

Em toda discussão, há pelo menos dois pontos de vista. Isso é especialmente verdade para bichos nojentos e para humanos. Decida por si mesmo. Com quem você simpatiza mais, bichos nojentos ou humanos?

ponto de vista HUMANOS	ponto de vista BICHOS NOJENTOS
BICHOS NOJENTOS NOS PICAM E MORDEM.	HUMANOS NOS PRENDEM, ENVENENAM E FAZEM EXPERIÊNCIAS CONOSCO.
BICHOS NOJENTOS COMEM NOSSAS PLANTAÇÕES.	HUMANOS DESTROEM AS PLANTAS QUE NÓS COMEMOS E PLANTAM SUAS CULTURAS MUITO PRÓXIMAS; ASSIM, NÃO TEMOS OUTRA COISA PARA COMER.
BICHOS NOJENTOS INVADEM NOSSAS CASAS.	HUMANOS DESTROEM NOSSAS CASAS.
BICHOS NOJENTOS ESPALHAM DOENÇAS.	HUMANOS ESPALHAM POLUIÇÃO E OUTRAS PORCARIAS.
BICHOS NOJENTOS DESTROEM NOSSOS MÓVEIS.	PARA NÓS, É APENAS MADEIRA.
QUEM LIGA PARA PROPRIEDADE?	ELES DESTROEM NOSSA PROPRIEDADE.

Os bichos nojentos querem as mesmas coisas que nós. Comida boa e um lugar para morar. O problema aparece quando eles querem comer a *sua* comida e morar no *seu* quarto.

A horrível verdade

Você pode achar que os humanos são os inimigos mais mortais dos bichos nojentos. Errado. Os inimigos mais mortais dos bichos nojentos são outros bichos nojentos. Sem as joaninhas, estaríamos soterrados por afídeos. Sem aranhas, estaríamos cobertos de moscas.

A melhor forma de se livrar de um bicho nojento é arrumar outro para fazer o serviço. Quando o inseto cochonilha australiana invadiu a Califórnia, ele acabou com culturas inteiras de frutas. Até que os humanos arrumaram um tipo de joaninha para acabar com eles.

Você se lembra de todas aquelas estatísticas amedrontadoras sobre os milhões de filhos que os insetos têm? Talvez você fique mais tranquilo(a) ao saber que o peso dos insetos comidos por aranhas, num ano, é maior que o de todos os humanos sobre a Terra. Se os bichos nojentos fossem *realmente* nossos inimigos, você acha que teríamos chance? Não. Além do fato de que existe 1 milhão

deles para cada um de nós, eles podem fazer coisas horríveis com as quais não queremos nem sonhar.
 Mas os bichos nojentos têm um outro lado. Todos são horrivelmente incríveis. Horrivelmente interessantes. E, por incrível que pareça, alguns bichos nojentos são horrivelmente úteis aos humanos.
 Dependemos dos bichos nojentos para que as plantas produzam frutas e para que as plantas em putrefação sejam eliminadas. Sem insetos, não teríamos mel nem lanternas de vaga-lumes. Nem seda ou lindas borboletas. Está certo que não teríamos pragas ou vegetais mordidos e picados. Bichos nojentos fazem do mundo um lugar pior. Mas fazem um lugar melhor, também. E essa é a Horrível Verdade!

Nick Arnold escreve histórias e livros desde jovem, mas nunca imaginou que encontraria fama e fortuna escrevendo sobre bichos nojentos. Sua pesquisa inclui desde ser picado até ser coberto de gosma. Ele adorou cada minuto! Quando não está envolvido com o *Saber Horrível*, Nick dá aulas para adultos em uma faculdade.  Nos momentos de lazer, ele gosta de comer pizza, andar de bicicleta e inventar piadas infames.

Tony De Saulles pegou os lápis de cor quando ainda usava fraldas e tem rabiscado desde então. Ele leva o *Saber Horrível* muito a sério, e até concordou em se encontrar com alguns de nossos animais animalescos para desenhá-los. Felizmente, seus ferimentos não foram muito sérios.
   Quando não está com seu bloco de desenhos, Tony gosta de escrever poesia e jogar *squash*, embora ainda não tenha escrito nenhum poema a respeito desse esporte.